癒しと救い

「障害の神学」から「癒しの神学」へ

宮永 久人

教友社

母に

推薦の言葉

深き淵から

人は物事が調子よく進んで、成功が約束されている特別な人間だと自らを誇る時があるかもしれない。逆に、さまざまな困難に直面し、自らの弱さに絶望の涙をこぼすことがあるかもしれない。普通の人はその間くらいを行き来しながら、人生の幸不幸の両方を受けとめながら、何となく収支を合わせながら、生きているようにも見える。

と言っても、明らかに負の側面が多い人生を歩んでいる人もいる。病気や障がいを抱えている人たちだ。司祭として、そういう方々と長くつき合っているが、この本を通して、障がい者の痛みに直面させられた思いである。

長年の友人である宮永久人氏は、障がい者運動にかかわりをもち、日本カトリック障がい者連絡協議会（通称、カ障連）の会長を務められたこともある。カ障連の役員会では、ともに語り、ともに悩み、ともに活動してきたことが懐かしく思い出される。そして今、彼は寝たきりになり、活動ではなく、もっぱら観想と思索を深める毎日を過ごされている。

この本は、障がい当事者として、今までの思索を集大成したものである。障がいを抱える者がいかに神と向かい合い、真の信仰の道を見いだすのか。この大きなテーマに対峙し、自らの苦難の体験と多様な現代思想を駆使して、真摯に探求していくドラマチックな著作となっている。例えば、神義論（善なる神がいるのに、なぜこの世に悪が存在するのか）にも言及されている。そのような問いに対して、学者が単なる抽象的な思索を展開する形ではなく、自ら背負う苦しみから実存的に問いかけ、信仰の観点から自分の答えを見つけようとする闘いの軌跡であると言えるだろう。

私自身、負の側面を多く抱え、どちらかというと自分の弱さに打ちひしがれることが多い。弱い者・貧しい者に注がれる神のいつくしみに信頼して歩む力をいただくしかないというのが本音のところだ。弱さに働く神の力をどう受けとめるのか、そのヒントがこの本の中にはたくさん語られている。私自身、自分の体験や活動を見直してみたい。

自らの弱さに悩むことがある人ならば、ぜひ一読してみてほしい。また、支援活動にかかわる方々には、当事者の本音の声として読んでもらいたいと思う。
弱い者、貧しい者が真に輝く神の国が来ることを心から待ち望みながら。

イエズス会員・前日本カトリック障害者連絡協議会協力司祭
英隆一朗《はなふさりゅういちろう》

目次

国際障害者年に寄せて

〝完全参加と平等〟に考える——人間らしく生きたい

差別意識のある日本

今年（一九八一年）は国際障害者年である。この年にあたって、まず言わなければならないことは、「障害者の完全参加と平等」という時に、それが真に障害者の声を反映したものでなければならない、ということである。したがって、障害者の声を抜きにした、単に健常者中心の国際障害者年であってはならないだろう。

しかし、ある人が私に「障害者年といっても、障害者に何をしてあげたらよいのかわからない」といったが、それほどまでに健常者と障害者は別の世界で生きてきたのかもしれない。私も脳性マヒと難聴を抱えた重複障害者であるが、このことをなるほど、と思うのである。

ここで取り上げなければならないのは、まず施設の問題である。とりわけ重度の障害者たちは、親も年老いてくると世話をみきれなくなり、障害のある子どもを施設に預けるか、兄弟や親せきのもとに預けるかのいずれしかない。

障害児を持った親たちが、その子を殺したという新聞記事があとをたたないが、子どもがふびんだ、将来を悲観した、世話に疲れた、といった親のほうだけのご都合を取り上げ、子どものほうの存在が顧みられない報道が多い。こうした事件は、親のほうに同情が集まりやすい。このような報道パターン、ないしそれを受けとる側には、やはり障害者への差別意識があるといわなければならないであろう。早い話が、こうした一連の報道には重大な盲点がある。なぜ日本の現代社会は、かくも障害者が生きにくい社会なのか、ということを考慮していない点である。そこでは何よりもまず、国の社会福祉政策の遅れこそが問題にされるべきではなかろうか。

必要な人間関係

施設というところはどこでも、入っている障害者の数に比して職員の数が足りない、といわれている。カトリックの諸施設も例外ではあるまい。職員が少ないことからくる結果はおのずから明らかなとおり、障害者は町の中に出ようにも出られず、また、入浴時間、食事の時間、起床時間や就床時間、さらに排便時間まで規定されてくるのである。食事の献立や分量も規定されてしまう。

こうしたことは、何も障害者施設に限らず、老人ホームでも同じであろう。もとより、障害者の方は、施設に入りたくて入るわけではない。入らざるを得ないから入るのである。親兄弟や親せきに迷惑はかけられないという理由で。そしてそこで一生を過ごすことになるのである。授産作業所（授産施設）でささやかなものを作り、自由時間には詩作や短歌に余念なく、あるいは文学書に読みふける。そういう単調で静かな毎日であり、障害者は非常に無気力になり、あたかも生きているのではなく、生かされているかのようなのである。

さらに、職員との時間外の触れ合いがない。障害者と健常者の心からの交流や交際がまったく感じられない。職員との交際を禁止している施設もある。職員は職員、入園者は入園者である。すなわち職員にとっては障害者は単なる仕事の対象にすぎず、人間としては見てくれないのである。

障害者も人間である以上、人間としての欲求を持っている。障害者と健常者との間にはほえましい愛がめばえたとて、何の不思議があろう。人間という観点に立つのならば、しごく当然のことであり自然の摂理もまたそういうものである。障害があるというだけでそれが許されないというのは、どうしてなのであろう。

障害者にとって必要なのは、金銭だけではない。人間の温かい手や真の人間関係こそが必要なのである。「人はパンのみにて生くるにあらず」といわれているとおりである。

教会諸施設の問題

私の所属する教会で、障害者のための募金をやろうということになり、私も協力を要請されたが断ったことがあった。金銭もある意味では一助になるが、そんなもので善意を表明したところで何もならない。障害者の置かれている位置や実態にこそ目を向けるべきであり、障害者、健常者という壁を越えて、人間という原点に立った相互理解や直接の触れ合いこそが必要なのである。

教会はどうであろうか。教会でもほとんどのところは、建物構造が障害者には不利にできている。車椅子用のスロープやエレベーターがなく、点ブロックもないし、手話通訳や「聖書と典礼」の点訳も保障されていない。本来、教会は老若男女、身分の差や、さらに障害の有無を超えて、すべての人びとが神をたたえ、共に祈る場でもあるべきであろうが、障害者にはまだまだ不利な点がある。今後の対策が望まれる。

統合教育は出発点

問題は、カトリック教育にもある。障害児と健常児ができるかぎり共に学ぶこと、それが障害者へのいわれのない偏見と差別をなくしていくための出発点でもある。こうしていくと、障害者と街の中で出会った時、どう接してよいかわからないということもなくなるであろう。

しかし、現実にはカトリックの学校はラ・サールや栄光、星光、洛星のごときエリート校になってしまっている。日本にキリスト教に理解のある指導者を育て、この国を神の愛でみたそうという理念はわからぬでもない。だが、真の愛は人間と人間との出会い、人間同士の触れ合いの中で育まれていくものではなかろうか。いくら勉強がよくできたところで、その人が障害者や苦しんでいる人に冷淡に振る舞うならば、真の愛がその人の心にめばえているとはいえない。受験競争の世の中だからというが、それならば一層のこと、カトリックの学校がそうした世を救わなければならないのではなかろうか。主は常に弱い人びとと接され、教皇ヨハネ・パウロ二世もそうであり、マザー・テレサもそうである。直接の触れ合いのないところで、真の愛は育たない。

生存権持つ障害者

先日、上智大学の某教授の「劣性遺伝子を持った親は子どもをつくるな」という発言があったと聞くが、カトリック学校の教授であるにもかかわらず、こうした発言が出たこと自体、非常に残念である。

子どもは神の恵みであり、性愛の結果としての奇跡でさえある。生まれてくる子どもがどんな子どもであるのかは、神がお決めになることであり、だれも知るよしがない。だいだい、一人障害児が生まれたからといって、次にもまた障害児が生まれるとは限らない。よしんばそうなったにせよ、障害児だからどうだというのだろう。確かに親にとっては重い十字架となるであろう。また子ども自身にとってもそうであろう。しかし、人間であるからにはだれしも生きる権利を持っている。

氏の発想の根底にあるものは、おそらくは国家中心の全体主義的なエリート意識であろうが、こうした意識が最終的に結果としてもたらすものは、教皇さまの国ポーランドの、かの悪名高きアウシュヴィッツの強制収容所であり、ナチスによって強行された一連の障害者の安楽死なのである。国家のために役にたたないという、ただそれだけの理由で……。

安楽死の発想につながるものとして妊娠中絶がある。これは優生保護法によって認められているものであるが、この法の趣旨は、劣性遺伝をもった子どもを胎内において抹殺することにある。もっとも、現在ではかなり乱用されているようであるが……。なぜ、劣性遺伝をもった子どもが生まれてきてはならないのだろうか。なぜ障害のある人間が、この世で生きていてはならないのだろうか。

健常者も、自分が障害者になった時のことを考えてみれば、障害の重さもわかるであろう。病気やなにがしかの事故によってでなくとも、年をとれば歩けなくなったり、目が見えなくなったりすることは多い。老人問題と障害者問題を切り離すことはできないのである。

人間の存在価値は、役に立つか否か、という効用価値で決まるのではない。主は「なんじらは世の光なり」（マタイ5・14）と言われ、いかなる人間にも使徒的役割が与えられており、存在理由のない人間など一人もいないことを教えられている。また、主は手足のなえた人、盲人、悪魔つき（精神障害者）、重い皮膚病（ハンセン氏病）に苦しむ人々を癒されたが、これも主の深い愛があればこそであろう。当時にこのような人々の存在に気づかれ、直接に触れられたことだけでも、主の愛の深さを示すものといって差し支えなかろう。

※本文はちょうど聖ヨハネ・パウロ二世教皇が来日された一九八一年にカトリック新聞に投稿したものである。この年は、教皇、そして故・伊達よしえ会長との出会いによって、私自身が障害者としての生き方を、神にゆだねていこうと決心した年でもあった。その後、障害者たちが自立生活運動を展開することによって地域で生活することを可能にし、国連で障害者権利条約が締結され、交通バリアフリー法や障害者差別解消法の施行等により状況が改善されたものも多いが、私の障害者としての理念・原点が込められたものであるので、あえて掲載することとした。

（「カトリック新聞」一九八一年六月四日）

「障害の神学」から「癒しの神学」へ

最近、教会の障害者へのかかわりの増大とともに障害の神学ということが言われるようになってきている。ＮＩＣＥ・１〔第一回福音宣教全国会議〕の課題でもあった「社会とともに歩む教会」という課題の実践とともに、障害者を単なるあわれみの対象から、一個の主体性ある人間としてとらえ、それを神学的に位置づけることにより、さらに積極的に福音宣教において生かしていかねばならないと教会が気づきはじめた結果であろう。

しかしながら、西尾正二神父も『福音宣教』一九九三年十一月号の巻頭において述べておられるように、この神学はさまざまな矛盾に突き当たってしまう。障害はあるよりはないほうがよい。それでは障害は悪なのか。もし悪であると定義してしまえば、障害者の存在否定、神の存在否定につながりはしないであろうか。

一九九二年奈良で開かれた「障害の神学」シンポジウムのときに、ある司祭が「障害は神の恵みだ」と発言した。そのとき私は、根拠が薄弱な発言であると感じたため、批判した。障害が恵みであるのなら、多くの健常者たちもより積極的に障害者になることを求めるはずである。しかし、現実はそうではない。多くの場合、健常者は障害者になることを拒否するばかりか、障害者問題に見向きもしないし、それがいつかは自分にふりかかる可能性があることなど考えてみる人は少ないであろう。

私はこの際、障害者という言葉を、「障害」そのものと、それを負わされることになった現存在としての人間、すなわち「障害者」に分けて考えるべきではないかと思っている。障害そのものは確かに苦痛に満ちたものであり、できることならば避けて通りたいものである。それを何らかの原因で運命的に背負ってしまった者には、そのこと自体、大きな苦しみ、重い十字架となる。しかしながら、障害を負ってしまったからといっても、人間であることに何ら変わりはなく、人間として生きていく権利を有する。

一九八〇年、WHO（世界保健機構）は障害を定義して次のように意味づけている。(1)身体的側面＝身体構造上で異常があり、種々の原因により機能的または生理的に低下が見られること（impairment）。(2)技能的側面＝(1)の結果として個人の行動や機能が制限されること（disability）。⑶社会的側面＝⑴および⑵の結果としてさまざまな社会的不利益を受けること（handicap）。

〔出版に際しての追記〕

今日、この基準は改定されている。⑵技能的側面の不足も⑶社会的側面の結果であると考えられ、また、障害者の主体性を尊重する立場から、⑵および⑶がdisabilityとして統一されている。障害は治療・更生されるべきと考える「医学モデル」と、障害者が生きにくい社会を変革し、差別を解消することを目指す「社会・文化モデル」の相違である。

障害ゆえの苦しみは上記の三つの側面から推し測ることができると思うのであるが、人間としての「障害者」という観点からとらえるときに、最も大きな苦しみとなるのは、身体的不全、機能不全にもまして社会的不利益、すなわち障害があるゆえに受ける貧困、不自由などの差別であろう。これゆえにどれほど多くの障害者たちが涙し、絶望の底に突き落とされ、神を呪い、挙げ句の果てに自裁してしまったことであろうか。また第二次世界大戦中にナチスによって強行された一連の障害者の安楽死のように、どれほど多くの障害者が殺されていったことであろうか。賢明をもって知られたダビデすら、障害者を殺せと命じている（サムエル記下５・６―９）。

今日においても、優生保護法の規定に見られるように、劣性遺伝を持った子どもはこの世の光を見る前に抹殺され、排除されてしまう。人間のいのちの軽重が効用価値に基づいて論じられるようになった結果である。日本における福祉の貧困も、資本主義の発展による核家族化、伝統的な家族制度の崩壊とともに、効用価値中心の人間観が普及しつつある結果であろう。

さきに障害それ自体は悪いものであると述べたが、障害者自身、いつかは自分の障害と和解し、それを受容して生きていかなければならない。しかしながら前述のように、周囲の社会が障害を、そして障害者を拒否し続ける以上、障害者自身も自分の障害と和解し、受容することなど不可能である。周囲から障害者としての劣等感を持たされてしまうからである。

障害者にとっての一次的な苦しみは障害そのものの苦しみであり、それが癒されることは好ましいことである。しかし、医学とて人間の業であり、限界がある。生きとし生けるものは皆すべて、いつかは死を迎えねばならない。それを避けることは医学がどんなに発展しようと、絶対に不可能である。障害者はこの「死に向かう存在」としての人間を、すでに部分的に先取りしているのである。

しかしながら、障害者にさらに大きな死をもたらすのは、周囲の人々の愛の欠如という死なのである。前述のとおり、障害者への愛の欠如こそ、福祉の貧困の最たる原因であろう。

神はなぜ障害の存在をゆるされているのか——よくなされる問いであるが、あまり意味のない問いだと思う。この問いかけを始めると神学の根本的な変更を迫られる。「神が造られたものははなはだ良かった」にもかかわらず、障害も含めたあらゆる苦しみがサタンの仕業であるとすれば善悪二元論に陥ってしまう。かといって、ここで言う神を私たちの神に限定し、そうした苦しみが存在するのは神が造られた良きもの、すなわち福音が広まっていないからであり、福音を宣べ伝えることこそが私たちの使命であると考えれば、伝統的な唯一神論を否定せざるをえなくなる。いずれにせよ、障害が神から与えられた試練の一つであるという説明はもはや説得力を持たなくなっていると思う。

ただ、障害者の苦しみを神が見捨てられないことにこそ福音的な意味がある。神の癒しのみ業こそ、神の障害者に対する愛の現れにほかならないからである。こうした観点から、私は障害の神学よりも癒しの神学をこそ強調したい。

障害の意味を問いかけるときに最もよく引き合いに出されるのはヨハネ福音書9章の盲人の癒しの物語であろう。弟子たちが生まれながらの盲人に出会ったときに、障害が生じた理由を問題にしたのに対して、イエスはそのようなことは問題にされず、「神の業がこの人に現れるため」と、障害者であるその盲人の存在そのものを積極的に位置づけられている。この箇所は私にとっても、何回読んでも心底からあふれるものを感じる箇所である。障害ゆえの苦しみからの解放のメッセージそのものだからである。

この癒しの神学と、「愛によって、死からいのちへ」というキリスト教の根本命題を振り返るとき、私たちが具体的に何をなさなければならないかは自明のことであろう。

（「福音宣教」一九九四年七月号）

続「障害の神学」から「癒しの神学」へ

「福音宣教」一九九四年七月号において私は、障害そのものの意味を突き詰めていくと神学的に行き詰まってしまうことを指摘したうえで、むしろ主の癒しのみ業に注目し、そこにあるメッセージを問うほうが有益ではないかと述べた。

繰り返すが、障害者自身にとって、またその家族にとっても、障害は重い十字架である。しかし、障害を「障害」たらしめているのは、本人の障害そのものはもとより、周囲の社会でもある。障害者にとっては障害の身体的苦痛はともかく、周囲の人々の無理解・思いやりのなさ、社会的偏見・疎外、言うなれば差別のほうがはるかに耐えられないのである。

そうした差別が障害者に、自分の障害を癒してほしいという希求を抱かせたとしても理解できることであろう。現在（注、執筆時点）釜ヶ崎で働いておられるイエズス会の薄田昇師は、一九八六年に東京教区から発行された『手話によるミサ典礼文』に一文を寄せ、次のようなことを述べている。師が司祭に叙階されて間もないころ、あるろう者が、キリスト教の勉強がしたいと教会を訪ねてきて、筆談で話しているうちに、「私が洗礼を受けたら、耳が聞こえるようになりますか」と問われ、困ってしまい、正直に「洗礼を受けても耳は聞こえるようにはなりません」と答えたところ、それ以来彼は教会に来なくなってしまった、というのである。「……そのとき以来、耳が不自由でそのために話すことの不自由な人々に対し、神の恵みはどのように注がれるのだろう。もしあのとき自分が手話を習っていたら、あの方はたとえ洗礼を受けても耳が聞こえるようにはならないとわかっても続けて来てくれたのではないかと今でも思っています」。

このろう者の気持ちが私には本当によくわかる。彼の言葉の中に私たちは「先生、目が見えるようになりたいのです」（マルコ10・51）という、エリコの盲人の願いを聞く。また薄田師の言葉には障害者への温かいまなざしと真の理解が感じられるがゆえに、私は師を敬愛してやまない。

現代神学は癒しのみ業を含めた主の奇跡を問題視している。癒しの行為そのものをあまりにも強調しすぎれば、単なる御利益宗教と何ら変わるところはなくなる。しかし、私たちが聖書の癒しのみ業の箇所を読むときいつもひかれるのは、癒しそのものはさておき、「娘よ、あなたの信仰があなたを救った。安心して行きなさい」（マルコ5・34）に代表されるような、障害者たちへの社会復帰の宣言ではなかろうか。癒しの奇跡が神の愛の一つの印であり得るのはこの言葉のゆえなのではないかと思う。ヨハネ福音書9章の生まれながらの盲人の癒しの物語の中の「本人が罪を犯したからでも、両親が罪を犯したからでもない。神の業がこの人に現れるためである」という言葉も、当時の障害者についての社会的偏見を排し、障害そのものを逆説的に意味づけているという点で、社会復帰の宣言であると言える。

これらの言葉の中に私たちは、障害者に対する神の深い愛と強い励ましを感じる。癒しの奇跡はそれがどんなにすばらしいものであろうと、その根底に障害者や病者への愛や理解がなければ今日まで伝えられることはなかったであろう。

プロテスタントの聖書学者、荒井献は、その名著『イエスとその時代』の中で、奇跡物語伝承の成立について、当時においてハンセン氏病者をはじめとする病者や障害者たちは社会から遮断され、しかもこの遮断が宗教的に正当化されている中で社会の最下層に呻吟して生きていたことを述べ、彼らに残された唯一の希望は、病を癒されて社会に復帰することしかなかったと指摘して、次のように続けている。

「ところが当時、私どもには想像もできないほど高価な医薬品は、ほとんどすべて社会の上層に独占されていた。彼らがその希望を満たすべく頼れるものは、呪術や魔術、奇跡行為以外にはなかったのである。……実は、福音書に記されている奇跡物語の原型は、このような社会的背景のもとに成立したのである。とすれば、奇跡物語伝承は、この伝承成立の基盤になった人々、さらにはこの伝承を最初期に担った人々がともに抱いていた社会的希求、彼らの価値理念の『象徴的行為』（G・タイセン）であった。そして、このような希求を抱くこと、あまつさえその実現に手を貸すことは、たとえそれが無意識的『行為』であったとしても、当時の社会的秩序を維持する側の人々から見れば、一つの『反逆行為』であったのである。私にとって意味があるのは、このような民衆の志向に、イエスが即応する形で振舞ったということである。イエスが実際に奇跡を行ったかどうかは史的に証明できないが、少なくともこのことは、奇跡物語伝承の背後に史実として想定できるであろう」（『イエスとその時代』岩波新書一九七四年版、80―81頁）。

また、奇跡物語の原型に近いものの一つとしてマルコ1・40—45を取り上げ、次のように述べている。

「……44節の『行きなさい』、家に帰りなさい、あるいは、社会に復帰しなさい、という命令が奇跡物語の『原型』の主眼点であった、というのが私どもの結論である。以上の私どもの推定が正しいとすれば、このような奇跡物語の『原型』に自らを対象化しているエートスとその担い手の社会層は、家族関係の回復、社会への復帰が最大の願望であった、つまり、それが彼らの最高の価値理念であった社会層、ということになるであろう。従って、この種の物語は、癩病人に象徴されるような、家庭と社会とから儀礼的に遮断されていた人々を基盤として成立し、一時の病気がそのまま絶対的な没落に直結するような社会的最下層によって、原初的に担われたのである。……いずれにしても、家族関係の回復、社会への復帰を願う心を満たすことは、人間の功利性を肯定する御利益宗教的パターンに属するものである。もしイエスが、このような願望に即する形で振舞ったとすれば、そのような振舞は、御利益宗教に典型的にみられる『宗教性』を拒否したところにイエスの『宗教批判』の独自性を見出す現代の知識人にとって、あるべからざるイエスの振舞と映るかもしれない。しかし、イエスが実際に癒しの奇跡を行使したか否かは別として、右のごとき功利的な願望を満たす存在として伝承の上に造形されていったことは事実であり、このような造形が実際のイエスの行動に即応していた可能性は十分にあると結論せざるをえないのである。ただ、イエスが功利的希求に添う形で振舞ったのはそのような希求を充足させる以外には生きえない社会層に属する人々に対してであったことを忘れてはならないであろう。それが功利的であれ、御利益宗教的であれ、それ以外に生きる望みがないとすれば、――たとえそれが知識人の嘲笑をかう行為であっても、あるいは、イエスに希望を託する人々自身によって誤解を受ける可能性のある行為であっても――いずれにしても彼らの生きうる方向へ自らを賭けていく、というのがイエスの基本的姿勢であったのではなかろうか。しかも、先に指摘したように、このような希求を抱くこと、それに即応する姿勢をとることそれ自体が、当時の社会秩序を突き崩す『行動』として機能していったのである」(前掲書90―92頁)。

この解釈は、主が実際に奇跡を行ったかどうかはともかく、当時、障害者たちの間にそうした希求が広く存在し、それは病や障害のゆえに差別され、社会の最下層に置かれた者たちの叫びであり、主がこれらの人々と前向きにかかわったことを教えてくれる。主はこれらの人々に関心を示し、彼らの側にいて、彼らと積極的にかかわられ、共に歩まれた。そして、——私が思うところでは——何らかの形で治療的行為を行い、そのためには安息日の掟ですら無視する結果となり、処刑のための一つの口実にされたのであろう。かくして、癒しのみ業は十字架による贖い・救いのみ業の一環をなすものである。十字架上の神の痛みの中には障害者の痛みも含まれているのである。主は十字架上で、これらの人々の重荷をも背負ってくださった！　この思いこそが癒しの奇跡への信仰の源である。そして、疎外が続く限り、癒しの奇跡物語はその光をいつまでも失わないであろう。障害や病ゆえに疎外されている人々はその物語からいつまでも神からの励ましと明日への希望を得るであろう。

では、癒しの奇跡をふまえたうえで、翻って障害の意味は何か。この問いは、障害とは何か、それを負わされている意味は何か、というよりもむしろ私たちが障害をどのように引き受けて生きていくか、という問いに置き換えたほうがよいように思う。

世界的心理学者V・E・フランクルは、自らのアウシュヴィッツでの体験を通して、どんな苦悩でも何らかの形で意味づけることができると言っている。それは確かにそうなのであるが、障害の意味づけについてはそう簡単にできるものであろうかと考え込んでしまう。ことに先天的な障害をもった子どもの場合、周囲のいじめと疎外ゆえに、そのセルフ・イメージはゆがんだものとなることが多い。障害ゆえに自分には人間として生きている価値がないと思い込まされてしまう。その点、知的障害者とともに生きることを使命とするラルシュ共同体と「信仰の光」では、知的障害者とかかわることを通して、彼らが立ち直っていくためには周囲の深い愛が必要であるということが理解されている。愛こそがまさに奇跡なのである。

また、ラルシュではしばしば彼らのことを「躓きの石」として理解している。障害者（とりわけ知的障害者）の存在は、その弱さ、無力さゆえに、能力・効率が優先されるこの社会に対する警告のしるしであり、彼らは私たちの心に、人を愛する心を呼び起こさせてくれる、と言うのだ。そこから立場の逆転が起こる。癒しを必要とする者が癒しを行うのである。

一九九四年一月に帰天された京都子羊会の伊達よしえ会長は、私が最後にお会いした時に障害の意味について語り合ったのであるが、障害は神の恵みではあり得ない、ただ神は障害者の苦しみを決して見捨てられない、と言われ、障害を負ったことで他の人の障害の痛みもわかるようになると言われた。この痛みを共にするということこそが、障害者にとって最低限なしうるつとめではないか。このつとめを伊達さんは五十年の長きにわたって見事に果たしてこられた。まさに信仰をもつ障害者のかがみであり、聖人であった。そしてこれらの言葉は私にとっては伊達さんからの遺言となった。

再三、問わねばならない。教会は障害者たちやこの社会に対して十分に癒しの業を行っているであろうか。教会の中にあっても世俗的な価値観が優先され、神のみ業の本質を見誤ってしまっていないであろうか。なぜなら、神はそのみ業を小さき者のうちにおいてこそ現される（ルカ10・21）のに、そうした人々が十分に尊重されているとは言えないことが感じられるからである。いや、教会自体が癒しを必要としているのかもしれない。

（「福音宣教」一九九五年一月号）

神の弱さ

前の二つの記事において私は、「『障害の神学』から『癒しの神学』へ」と題して、障害そのものの存在理由を問うよりもむしろ主の癒しのみ業の持つ意味に注目し、それについて私が感じてきたことを述べた[1]。

この癒しということをさらに突き詰めて考えると、どうしても最初の問いに戻らざるをえない。すなわち、神は全知全能であるというが、この全能性をもってすれば、私たちを障害のない健常者としてお作りになることもできたはずであるし、また健常者として生まれた者がわざわざ障害者になることも防げたはずである。にもかかわらず、時に先天的な障害を持った子どもが生まれるし、健常者として生まれてきたとしても、事故や病気によって障害を負わされ、あるいは老いるに従って体が自分の意思どおりに動かなくなってしまう。これらの障害の発生、事故や病、そして老い、さらには死からも人間を守ることは神にはできないのだろうか。できるとすればなぜそれをなさらないのかが問題になるし、またなさっているとしても、自ら創造されたものを傷つけ、あるときには癒す神などなんと気まぐれな神であろうかと思ってしまうのだ。

本書21頁に述べたとおり、こうした論議は私にとって無意味で不毛なものであるはずだった。しかし、癒しということを考察していくと、どうしても上述の問いを避けて通ることはできないし、キリスト教の原点を問い直す意味でもあえて必要なことだと考え、あえて再度問題を提起することにした次第である。

神は全知・全能――そうカトリック教会のみならずすべてのキリスト教では教えている。しかしながら上述の問題点はこの教義に疑問符を投げかける。

伝統的な神学からすれば、このような疑問は次のように批判されるだろう。神は人間が期待しているとおりに振る舞ってくださる方ではなく、むしろ人間の意思を超えたところで働かれるのであるから、神は人間の意思のとおりに動いてくださると考えること自体、人間の甚だしい傲慢である。一切は神の摂理によるのであり、それは人間には計り知れない、と。

しかしそれでは「神の摂理」の一言で問題の本質を覆い隠してしまうことになり、解決にならない。一切がこの一言で合理化されてしまう。観念的な神学には非常に都合のいい言葉なのである。むしろ、神の全知全能性という前提にそもそも無理があるのではないか。その前提自体がすでに、人間が神に期待しているイメージではないのか。

ユダヤ教のラビ H・S・クシュナーは、自分の子を難病で失ったことから、人間に降りかかってくるさまざまな艱難について思索する中で、ヨブ記について解釈して、以下のように言っている（H・S・クシュナー『なぜ私だけが苦しむのか――現代のヨブ記』斉藤武訳、岩波書店、一九九八年）。

ヨブ記のすべての登場人物と読者のほとんどが信じたいと思っている命題は次の三つである。すなわち、

(A) 神は全能であり、世界で生じるすべての出来事は神の意志による。神の意志に反してはなにごとも起こりえない。

(B) 神は正義であり公平であって、人間それぞれにふさわしいものを与える。したがって、善き人は栄え、悪しき者は処罰される。

(C)　ヨブは正しい人である。

ヨブの友人たちは(C)を信じまいとしており、ヨブが受けた苦しみはヨブが罪を犯したことに対する罰だという。

これに対してヨブはそれを否定して、自分にはそのような罪を犯した覚えはないという。そして神が最高善であるという(B)の命題を拒絶し、神は公平だとか正義だとかいう思考の枠の中に収まらないほど絶大な力を持っていると結論づけている。

しかしヨブ記の作者は以上の2点とも異なる立場に立つ。すなわち、神が最高善であることを信じ、ヨブが善人であることをも信じつつ、命題(A)、つまり神が全知全能であることを否定する立場に立っている。

以上がクシュナーのヨブ記解釈の要約である（同書39―62頁）。

「神は正しい人びとが平和で幸せに暮らすことを望んでいますが、ときには神さえそうした状態にすることはできないのです。残酷と無秩序が罪のない善良な人びとをおそわないようにすることはできないのです」（同書58頁）。

「作者は無秩序を制御し、悪の及ぼす害を制限することは神ですらむずかしい、と語っているのだと思います」（同書59頁）。

「確かに、罪のない人びとが不運にみまわれ苦しんでいます。彼らには理不尽と思われるような出来事が起こります。しかし、そうしたことが生じたとき、それは彼らが何か悪いことをしたから神が罰を与えた、ということではありません。不運や災いは決して神からくるのではないのです」（同書59頁）。

そしてクシュナーは、神が苦難の原因ではなく、苦難のうちにおいて働くのであり、私たちは力と慰めを求めて神に向かうのだと結論づけている。「私たちが泣き叫ぶときにも、私たちは依然として神の側にいるし、神もまた私たちの側にいることを知るのです」（同書62頁）。

神はこうした苦難や災厄を未然に防ぐことはできない。このことは我々の目から見れば神の限界である。それでもなお、神の全知全能性ということに固執するのなら、次のようには言えるかもしれない。

私たちは日頃、ミサの中で「全能の父なる神」に言及する。これは原始教会創立以来の伝統であるが、その背景に当時の度重なる迫害と殉教という歴史的背景があることを考慮する必要がある。ローマ帝国の支配下において、棄教とローマ皇帝への崇拝を強要された原始教会の信者たちは、迫害・殉教という極限状況のもとで、「主のみ聖なり、主のみ王なり」と信じ、そう叫び続けることによって、迫害を耐え忍んできたに違いない。このような意味で、神は人間の精神に対する働きの中で、個々の良心を通じて、どのような態度を決定するかに関わる限りにおいてのみ全能である、と。

クシュナーは、神は苦難の中にある人々に対して、「人に働きかけ、人を助けようとする心を奮い立たせることで、私たちを助けているのです」と言っている（同書208頁）。人間は「神のことば」なのであり（同書208頁）、神は人間の回心[2]と実存への道標なのである。

しかし、このように解釈したとしても、自然法則やたまたま偶発的に起こる出来事を神の御手に帰することはできないことは明らかである。そこに神の弱さがあり、またそれについて考察する必然性が生ずるのである。

北森嘉蔵はその名著『神の痛みの神学』（講談社、一九八二年）において、その思想を集約して次のように述べている。

「痛みにおける神は、御自身の痛みをもって我々人間の痛みを解決し給う神である。イエス・キリストは御自身の傷をもって我々の傷を癒し給う主である（Iペトロ2・24）」（21頁）。

しかし、神の痛みの根底には、神自身の弱さがあるであろう。神が自らのうちに痛みを感じるということは、自らのうちに自己矛盾を感じているということであり、すなわち神自身のうちにすでに弱さがあるということであろう。この自己矛盾はすでに、旧約の創世記6・6に垣間見えるのである。

この神の弱さゆえにこそ神は私たちの苦しみに本質的に共感することができるのではなかろうか。もしも神が旧約の容赦ない裁きの、絶対的な神エル・シャッダイのままであったとしたら、我々人間の弱さに共感し、共に歩むことなどあり得なかったに違いない。そしてヨブ記のように、サタンと賭事をして、ヨブを苦しめてはばからない。しかし新約の神は一転して慈しみの様相を見せる。その名もインマヌエル、我らと共にいます神。

「慈しみの福音」と呼ばれるルカ福音書では、主の誕生物語において、主が体験した弱さが徹底的に描き出されている（ルカ2・1―20）。ローマ帝国支配下のベトレヘム。ヨセフと身重のマリアの住民登録のための旅。宿を与えられず、馬小屋の中での出産と飼い葉桶。その主を最初に訪れたのは、当時において賤業とされていた羊飼いたちであった。さらにマタイ福音書は、エジプトへの難民行とそれに次ぐ幼子たちの虐殺について言及している（マタイ2・1―18）。

主の十字架刑は神の弱さの極みである。民衆が主に対して期待したメシア性のゆえに、政治犯の汚名を着せられ、処刑されなければならなかったのだ。

使徒パウロは「神の弱さ」に言及して、次のように言っている。「神の愚かさは人よりも賢く、神の弱さは人よりも強いのです」（一コリント1・25）。この神の弱さ、神の愚かさとは、具体的には主の十字架を指すことは明らかである。神は十字架のうちに私たちとともにいる、神はその弱さでもって世を救おうとされる――これがパウロの根本的な確信だったのではないか。パウロはまた、この弱さの極みをケノーシスということばで表現している（フィリピ2・6―8）。いわば神は自ら弱き者となることによって、いつも弱き者の傍らにいて共に歩み、励ましてくださる。この思想の原型はイザヤの「ヤーウェの僕」に見られることはいうまでもない（イザヤ53章。なお、同42・18―19を参照）。我々は神の弱さによってのみ救われるのである。

事実、私たちは他者と共感し、共に生きようとするときに、共通の苦悩の体験がなければどこまで本質的に共感しうるであろうか。さもなければ単なる憐れみ、上からの見下しに終わってしまう。共通の体験を持たない者の間では、本質的な共感に至らないことが多い。しかし、共通の体験を有しないまでも、それぞれが持つ弱さにおいて共感し、共に生きることはできるはずである。これがキリスト教の本質的なメッセージなのだと思う。そして「癒し」とはまさにそのようなプロセスであろう。

ここで気をつけなければならないことは、弱さそれ自体が一つの絶対的な価値となったとたんに価値の転倒が生じ、弱い者が強い者を裁くということが起こりうる、ということである。ニーチェはキリスト教をそのようなものとしてとらえた。実際、パウロはその書簡の至る所で「弱さの中の強さ」「弱さを誇ること」に言及している（二コリント11・30、12・5、12・9）。弱さは弱さとしてありのままに受け止められなければならないのであり、弱さは強さに転化されてしまったときにはもはや弱さではあるまい。

カトリック教会も神の全知全能性を自らがよって立つところの根拠にするのはもはややめなければならないときに来ている。世界が交通網・情報網で結ばれ、文化の交流が進むようになった今日、カトリックの標榜してきた絶対性はもはや通用しないことは聖座も認識していよう。カトリックが他宗教・異文化を尊重しつつ、その中で福音を根付かせていくには、神の絶対性に固執することなく、むしろ神の弱さを生きること、より具体的には社会の中で弱い立場におかれている人々のうちに入り、共に歩んでいくことしかないと私は常々確信している。

翻って私たち障害者である。障害の原因を神に帰することはできない。ただ神が十字架のうちに、癒しの御手をさしのべて、共にいて励ましてくださること、その御手は主として同じように障害を持った仲間たちのうちにあると信じることのうちに救いがあるのかもしれない。このことは悲しいかな、障害者は未だに障害者の世界でしか生きられないことをも意味してしまう。それが自ら主体的に選択した道でないことに私たちの最たる苦悩があるのである。

そして、パウロが「キリストは……二つのものを一つにし、……隔ての壁を取り壊す」(エフェソ2・14)と言っているにもかかわらず、私たちと同じ苦しみを味わうことはないであろう多くの人々との間に厚い壁があることを日々感じている。そうした人々に対して、個々の回心を促し、またそれに淡い期待を寄せつつも、そのほとんどは思いのままにならなず、最終的には、私たちの弱さのうちに神が共にいてくださることを信じつつ、赦しを祈らざるを得ないのである。障害者であることはなんと悲しい業《ごう》であろうか。

注

（1）なお、フランシスコ会の本田哲郎師は自ら訳した新約聖書『小さくされた人々のための福音』（以下、「本田訳」と略す）上巻（新世社、一九九七年）において、日本語で「癒し」と訳された言葉の、ギリシャ語における本来の意味について解説されている（244―246頁）。

それによると、イエスご自身は奇跡やしるしといったものに対して淡泊であり、むしろ人々がそれに目を向けることに対して警戒していたのであり、「癒し」と訳されている言葉の多くが「看病」「手当て」と訳するべきものであると指摘されている。そして結論としては、「イエスにとって神の国を実現させるために本当にだいじなことは、『いやし』を行うことではなくて、『手当て』に献身すること、しんどい思いをしている仲間のしんどさを共有する関わりであったことは明らかです」と述べられている。

しかし、「癒し」という言葉は、必ずしも治癒の奇跡を起こすことに限定する必要はなく、むしろ「看病」なり「手当て」が引き起こす精神的な効果に重点を置けば、「癒し」という訳語が選ばれてもよいのではなかろうか。私はこの意味で「癒し」という言葉を使いたい。

いずれにせよ、私と本田師とは、イエスが当時もっとも疎外され、社会の最底辺におかれていた病者や障害者に対して、まなざしを向け、関わりを持たれ、そのことこそが彼らに生きる希望を与えたという点では一致しているであろう。

(2) 回心(metanoia) とは本田師によれば、本来〈視点の転換〉を意味する。「判断の筋道」(nous) を「変える」(meta-) ということで、「視点を移す」こと、しいては「痛みを共感する」ということだと指摘しておられる(前掲本田訳上、243―244頁)。

[出版に際しての追記]

後年、「マラナ・タ、主よ、来たりませ」(本書87頁以下) のなかで私は本田師を批判することになった。たとえ師の言うことに百歩譲って、史実・科学的事実としては本田師の言われるように、奇跡などというものはなかったとしても、その奇跡を民衆が求め、その希求の土台の上に癒し主としてのイエスへの信仰が成立しているのである。私たちはイエスを社会運動家として信奉しているわけではなく、神として信じているのである。本田師は聖書の言葉を社会運動の場から解釈しすぎているように思う。本田師の教会への信仰からの乖離があまりにも大きいことを残念に思う。

（「福音宣教」一九九九年七月号）

聖地に主を想う

年間第9主日　6月1日（マタイ7・21―27）「あなたたちのことは全然知らない」

私はこの巡礼に、主の足跡をたどることのほかに、二つの問題意識を設定して行った。一つ目はユダヤ民族の受難史をたどること、二つ目はユング理論の立場から原始キリスト教の成立過程を精神史的にたどることである。この二つは分けられるものではない。なぜなら、キリスト教もユダヤ民族の受難史の一齣から誕生しているからである。

巡礼の往路、成田から香港まで飛び、そこで乗り換えた便に多くのユダヤ人が乗ってきた。

その多くはおそらく過越の祭りの巡礼のために乗ってきたのだろうと思ったが、彼らの流浪の歴史・民族受難史と、世界各地で迫害・差別を受け、またヴィクトル・Ｅ・フランクルが『夜と霧』で報告し、エリー・ヴィーゼルが『夜』の中で描いたショアー（災厄＝ホロコースト）を生き延びた民族の子孫であることを思い浮かべるとともに、彼らがなしてきた文化的貢献、旧約の民であること、そして当然すぎることだが、主はもちろんのこと、使徒たちをはじめ初期の弟子たちのほとんどはユダヤ人だったことを思い、深い感慨にとらわれた。

そして聖地では、古戦場のメギドの丘（ハルマゲドン）にも彼らの苦難が偲ばれたほか、エルサレム神殿西壁（いわゆる「嘆きの壁」）の前にも立ち、多くのユダヤ人が聖書を手に朗読している姿にも深い感慨を覚えた。旧約を読めば、かつてはイスラエルの民は、苦しみはすべて自分たちが神の掟を厳格に守らなかったからだと自虐的にとらえる傾向が強いことを感じる（例えばホセア書）。スケープゴートの民と言われてきたゆえんであり、この苦難のゆえにこそ精神的・霊的に深められたとも言える。しかし、この罰する神エル・シャッダイのイメージこそ、イスラエル民族の受難に対するどうしようもなさ、無力さ、そして自らの弱さに対する内面的・自虐的な怒りの表現であり、抑圧された深層心理ではなかったろうか。

そこにイエスが登場する。ユダヤ人たちは主に対して、イスラエルをローマ帝国の圧政から解放することを期待する。しかし、主の思う神の国はユダヤ人たちの意図とは大きく異なるものであった。天の父の御心を行う者が天の国に迎えられると宣言する。天の父の御心とはすなわち、平和（Shalom）であった。

年間第10主日　6月8日（マタイ9・9—13）「罪人を招くために来た」

ナザレのイエスが登場した時代は、紀元前後、ユダヤがローマ帝国の支配下にあった時である。今回の巡礼で十字架の道・ゴルゴタと聖墳墓をはじめとし、ゲッセマネの園、昇天教会、シロアムの池等、エルサレムでの主の足跡には圧倒されたが、私が最も心を打たれたのは主の故郷ガリラヤのほうである。

ガリラヤ湖の澄んだ水、山から昇る朝日、空を飛ぶ鳥。もともと砂漠の上に建てられたエルサレムとは対照的な黒々とした土と草木。このガリラヤの生命力あふれる美しい自然が主の豊かな感性を育んだのであろう。神は愛であるということはすなわち、神はいのちであり、そのいのちを私たちにくださっているということだと強く感じた。ゆえに「空の鳥を見よ、野の花を見よ」という要約で知られるみ言葉（マタイ6・25—34並びにルカ12・22—34）にこそ、主の福音の原点があるように私には感じられた。そしてこのガリラヤの自然を土壌として、父性的な怒りの神エル・シャッダイは父なる愛と慈しみの神になり得たのではないか。砂漠の中で生まれた潤いのない律法中心のユダヤ教は、生命力にあふれたガリラヤの母性原理（母なる大地）の介入を経て愛のキリスト教へと変貌を遂げたのではないか。ガリラヤ湖のほとりにたたずみ、湖を見渡しながら主のみ言葉を思い起こすと、行間から溢れる主の大いなる優しさ、懐の深さが伝わってくるように感じられた。

しかも、主は、「わたしが来たのは、正しい人を招くためではなく、罪人を招くためである」と言われる。当時、罪人といえば、犯罪者のことばかりではなく、律法を守らない、否、社会的抑圧と差別のゆえに守ることができない人々をも指し、ここに登場する徴税人や、その前段の中風の人に象徴される障害者・病者たちをも指している。私がこの箇所を読むときに、いつも感じるのは、主のこれらの人々へのあたたかいまなざしである。ガリラヤにおいてはなおさら、この愛に満ちたまなざしを実感する。

年間第11主日　6月15日（マタイ9・36―10・27）「天の国は近づいた」

このガリラヤと同様の感覚を以前感じたことがある。二四年前にイタリアのアッシジを訪ねたときである。聖フランシスコが第二のイエスと言われる理由も、この大自然を愛し、それを神の恵みとして感受する力を備えていたからかもしれない。
このような言い方をすると汎神論的だと批判されるが、それは後の理性中心の観念的な神学上の議論ではないか。人間も自然と共に生きているのであって、自然の一部である。ヨーロッパの神学や哲学は往々にしてこのことを忘れ、人間に対立するものとして自然をとらえてきた。

そもそも神が万物を創造されたとするのは人間の制作行為にもとづく存在論である。そこでは人間が自然を支配し、コントロールすることが認められている（創世記1・26―31）。今日、このことに行き過ぎはなかったろうか。それに対して、主は神を「アッバ」と呼び、父として呼びかけただけではなく、私たちにもそう呼びかけるよう招かれる（マタイ6・9）。

神は創造主として私たちを「作った」のではなく、父として「産んだ」（詩編2・7）のである（制作的存在論の問題については、『反哲学史』（木田元著、講談社学術文庫）を参照されたい）。このような神を父と呼びかける親密さは隔絶した怒りの神とは異なるものであり、母性原理にもとづくものと考えてよいであろう。このように、旧約聖書でもモーセ五書以降のところどころに母性原理が入り込んできているのである。

旧約の神の優しさは、ナザレのイエスの愛の教えとなり、今日の福音のように十二人の弟子に継がれ、そして、アッシジの聖フランシスコを初めとする諸聖人たちに、そして、今日の時代を生きているキリスト者に、継がれ続けている。天の国は、確かに近づいてきている。

年間第12主日　6月22日（マタイ10・26―33）「人々を恐れてはならない」

旧約における神の慈しみを強調したユダヤ教ナザレ派の革新運動、すなわちイエス運動が、民衆の支持を得て、律法そのものを神のごとく見なし、その遵守を旨とするユダヤ教当局やファリサイ派と対立するのは当然の成り行きであったであろう。主が最終的に目指したものについて、現代のカトリックを代表する神学者の一人であるドミニコ会司祭E・スヒレベークは次のように述べている。

「彼〔イエス〕が残したもの――ただ彼自身、その言葉、行動、この特別な人間としての彼の出現を通してのみ残したもの――は、一つの運動、つまり神の新しい民であることを意識するようになった信仰者たちの生きた親交、神による終末論的『集まり』であり、それは『聖なる生き残り』ではなく、全イスラエルを、そしてついには全人類を一つにする集まりの最初の誕生として、つまり、すべての人々を集め、彼らを一つにするための終末論的解放運動であった。すなわち、普遍的な Shalom（平和）であった」（『イエス』第1巻、43頁、新世社、一九九五年）。

そしてこのユダヤ教ナザレ派は主の刑死後、度重なる迫害にもかかわらず、地中海世界に広まっていく。その根底にユダヤ教が本来持っている普遍的な性格、すなわち神が「在りて在る者」として、一定の形・姿をとらず、それゆえにこそ偶像化をゆるさないという高い抽象性とともに、神の愛とそのみ前での平等という思想があったからであろう。

この信仰の継承のために、今日の福音にあるようにイエスは弟子たちにいかなる迫害に出会っても揺るがない、御父への絶対的な信頼を伝え、「恐れるな」「人々を恐れてはならない」と述べられたのだろう。

しかしやがて、ローマ帝国に公認・国教化されてからは、部分的に支配者たちの道具にされていったことは否めない。また、キリスト教がヨーロッパに広まっていく過程において、各地の地母神信仰が、聖母への信心に変貌することによって、宣教に大きな力を発揮したことは事実であろう。

「恐れてはならない」(出エジプト記14・13)は全聖書中、最も頻出する言葉である。そして「わたしは必ずあなたと共にいる」(同3・12)という言葉がこれを保証する。日々恐れることなく、空の鳥、野の白百合のように、神に信頼して歩み続けたい。

聖ペトロ聖パウロ使徒(年間第13主日) 6月29日(マタイ16・13―19)

「あなたに天の国の鍵を授ける」

主日の福音を祈りながら進めてきた聖地巡礼の振り返りは、期せずして「聖ペトロ聖パウロ使徒」祭日のマタイ福音書をもって締めくくることとなる。

「イエスの町」カファルナウムで聖ペトロの像に出くわした。右手に天の国の鍵、左手に司牧杖、足もとに魚。その台座に記されていたのが、「あなたはペトロ、いわお。あなたの上にわたしの教会を建てよう」(16・18参照)だった。またペトロの召命教会では、復活された主がペトロに三度、「わたしを愛しているか」と問いかけられ、主の民の牧者となるよう命じたあと、「あなたは、若いときは、自分で帯を締めて、行きたいところへ行っていた。しかし、年をとると、両手を伸ばして、他の人に帯を締められ、行きたくないところへ連れて行かれる」と、殉教を予告される場面（ヨハネ21・15―19）を描いた像があった。聖ペトロは受難に向かう主を三度否んでいるにもかかわらず、その後、初代の教会の頭、すなわち教皇としての重責を殉教に至るまで全うした。その原動力は何だったのだろう。おそらく、主に対する愛とともに、それにも関わらず裏切ってしまったことに対する罪責感だったろう。逆に言えば、主はそれほどまでに優しい方であり、弟子たちを引きつけてやまない人であったことを感じるのである。そして、聖ペトロこそ、福音書のもう一人の主役であろう。

歴史上悲しむべきことは、前述のように主イエスが最終的に目指されたのが平和（シャローム）であったにもかかわらず、またキリスト教がユダヤ教から派生したにもかかわらず、福音記者たち及びパウロが、主の処刑の咎をユダヤ人に負わせ（マタイ27・25等）、救いは異邦人にしか向けられていないとユダヤ人を救いの対象から排除して追い詰め、社会的にも差別するきっかけを作ったことであると思う。このことが先述のショアーの最たる原因であったことは言うまでもない（このショアーを巡る教皇ピオ一二世の沈黙については、『ローマ教皇とナチス』大澤武男著、文春新書、に詳しい）。

このような差別と迫害は、ユダヤ人たちをユダヤ民族国家の建設へと走らせる。だが、このことはパレスチナ人を駆逐し、彼らを難民行へと追いやることであった。かつて難民であった民が他民族に難民行を強いる……人間の性とは恐ろしいものである。「あなたたちは寄留者を愛しなさい。あなたたちもエジプトの国で寄留者であった」(申命記10・19)とあるにもかかわらず。シオニズムにもとづく建国以来、その裏ではユダヤ及びパレスチナ双方の犠牲者が今日もなお後を絶たないことに留意するべきであろう。今はただ、一刻も早く暴力の連鎖が断ち切られることを祈りたい。天国の鍵を預けられたペトロ以来、使徒たちの共同体を継承してきたカトリック教会には、平和を構築していく責任が委ねられている。

今回の巡礼を通して感じたのは、総じてヨーロッパや日本を含めた他の地域のカトリシズムに対する疑問である。先述のように、世界各地のカトリック教会は聖母をはじめとする聖人への信心に支えられている面があり、信仰の原点から遊離してしまっているのではないかという疑問をいだく。多くの聖人たちの殉教をはじめとする偉大な業績を否定するわけではないが、今一度、こうした聖人への信心や一連の神学から離れて、聖書的世界の原点に立ち返ってはどうだろう。

(「福音宣教」二〇〇八年六月号)

「祝福」から「身代わり」へ――私の個人史から

祝福に導かれて

「祝福」とは、自分の眼前で神の愛がほとばしり出、神のいのちが自分のいのちとなり（ヨハネ4・14を参照）、生涯にわたって神の恵みと慈しみによって支えられるようになる（詩編23・6）ことをいうのであろう。一度たりともそのような祝福と出会った人は幸せであり、そのような経験は人間が生きていく上で、なくてはならないものだと思う。

祝福されるということはそれだけで終わるのではなく、使命を与えられるということであろう。旧約においても太祖アブラハムが神から受けた祝福、ヤコブが兄エサウから横取りした長子権としての祝福、ダビデの祝福等、旧約においては神との契約とセットになっている。

祝福は召命と同義語なのかもしれない。

　私についていえば、一九八一年二月二四日、武道館で開かれたヤング・アンド・ポープの集会において、ヨハネ・パウロ二世教皇から祝福をいただいたときこそ、その瞬間であった。そして、まさにこの日に救いを得たのであり、そこから私の信仰もはぐくまれるようになった。

　教皇はご来日の際、当時はまだ福者だった聖マキシミリアノ・マリア・コルベの足跡をたどられた。高校在学中に私はV・E・フランクルの『夜と霧』に魅せられ、以後ナチズムやファシズム、そしてホロコーストにも関心を寄せるようになったが、根には中学校の時に国語の授業で学んだ『アンネの日記』とともに、コルベ師の影響があったかもしれない。どのような形で聞いたのか記憶が定かでないが、そのファシズムの嵐の中で障害者たちもまた殺されていたことも知った。私が生まれてまもなく洗礼を受けたのが仁川教会であり、後にわかったことだが、仁川教会がコルベ師も属し総長も務めたコンベンツァル・フランシスコ会の教会であり、同会のポーランド人のヤノー師から受洗したことは偶然だろうか。

差別という不幸

もとより、私はそうしたことを知る以前に、人間の不幸について知る体験をしていた。商社マンであった父の転勤で南アフリカに滞在し、アパルトヘイト（人種隔離）体制を目の当たりにしたことである。少数の白人による大多数の黒人支配。その根底には金《きん》とダイヤモンドの利権と、かつてのイギリス帝国主義による植民地支配がある。そして日本人は名誉白人として、日産やトヨタが現地に工場を建て、黒人たちを安価な労働力として使っていた。当時はユダヤ人の広い家を社宅として借り、黒人のボーイやメイドを雇って住んでいたが、その家の前で交通事故があっても、白人の救急車が先に来て黒人は後回しという光景は、当時小学校三、四年だった私の心にやりきれないものを残した。これは社会構造的な問題であることを幼いなりに感じ取っていた。そのような中にあっても、ヨハネスブルクのカトリック教会で、黒人たちが祈りを捧げていた光景を忘れることができない。今日の私の問題意識の原点はこの南アフリカにあると思う。今日、南アフリカは白人の支配体制が終わり、黒人中心の多人種共存の国としての道を歩んでいる。虹の国としての発展を心から願わずにはおれない。

小学校四年生の終わりの三月に帰国すると、私に思わぬことが待ち受けていた。障害者としての私に対する激烈な差別である。もとより生を受けてからこの日まで差別を受けなかったわけではない。幼かったがゆえに覚えていないだけであり、母がそれを受け止めてくれていた。陰湿ないじめと差別、先生たちの無理解。そのようなとき、障害があるといっても一人前に体が動く私がとった行動はけんかであり、暴力であった。

私が通った枚方市立の中学校の前に聖母女学院の幼稚園があった。いじめられて暴力をふるい、それが元で周囲からさらに疎外されていくという悪循環に苦しみ抜いたあげく、そこの土曜学校に通い始めた。これが私の救いの始まりであった。高校はのちにラグビーで全国的に名をはせることになる啓光学園に進んだ。カトリックの学校であるにもかかわらず、私に対して繰り返されたいじめ。しかし、先生たちの中でも信者の先生たちは私を見守り、育ててくださった。信者としてカトリックの学校へ進み、この点に関しては私にとってプラスに働いたのだ。

障害者解放運動

京都の同志社大学へ進むと、私の人生にとって決定的な出会いが待っていた。障害者の仲間たちとの出会いである。障害者解放運動のサークルに入り、多くの障害者たちとの出会いの中で、私も障害者として差別を受けてきたことを自覚するようになっていった。その中でもある最重度の脳性麻痺の人との出会いは衝撃的なものだった。柏木正行さんである。施設から自立して、地域で生活したいのだという。私が衝撃を受けたのは、彼自身信者であり、彼が出ようとしている施設もカトリックの施設であることを聞いたときである。彼はその施設「子羊の苑」を出ようとした経緯を、『そよ風のように街に出よう』（りぼん社）創刊号と第一号に綴っている。後に他の人たちから聞いた話と照らし合わせれば、彼自身の一方的な主観に基づく記述がないわけではないが、当時の障害者施設の実情をかなり物語っていたことは確かである。そして彼は子羊の苑を出て伏見稲荷のアパートを借り、労働者や学生たちの介護を受けながら地域で生活することになる。

信者の障害者がカトリックの施設を出る――いったい、信仰に救いはあるのだろうか。神は障害者に救いの手を差し伸べられないのだろうか。この問いが私の信仰を揺さぶった。しかし、カトリックの施設といえども、国の福祉政策の掌中にあり、多大な寄付でもない限り、施設の自由な運営など望むべくもないことにも気づく。

けれども、私はかねてから障害者解放運動の差別糾弾という激しいやり方にはついて行けなかった。障害者差別が構造的なものであることは理解できる。しかし、それは差別した当事者を攻撃的に追及し、謝罪させてすむ問題だろうか。赦しはないのだろうか。ある人は「そんな甘いことを言っているから障害者はなめられ、挙げ句の果てには殺されるのだ」と言い、またある人は私のことを「そう言える君は障害者のエリートだ」と言う。両方とも正論であるだけに、「敵への愛」という聖書の言葉との間で板挟みになり、苦しんだ。もっとも、当時の障害者たちのおかれた状況としては、養護学校義務化と自立生活運動という二つの大きな課題を抱え、一所懸命に差別と闘っていたのだ。このことを無視し、否定することは赦されることではない。後述する解放の神学についてもこのことはあてはまる。そして今日、障害者への理解がそれなりに広まり、福祉がかなり進んだのも、障害者が声を上げていたからこそである。

苦しみが報いられ

そうして迷い続けていた頃、一九八〇年の復活祭の日曜日に、サークルの新入生歓迎のためのビラまきに早く大学に登校してきた私は、ふと高野教会に行ってみようという気になった。なぜこのような考えが起こったのか。話は遡るが、同志社大学では文学部で心理学専攻に籍を置いていた。入学直後にお会いした先生たちの中でもなぜか惹かれる先生がいた。先生といろいろと話しているうちに、先生もまた信者で、高野教会に籍を置いておられることを知った。それがきっかけで行ってみようと思ったのであるが、今考えれば、信仰を捨てきれなかったということでもあり、あるいはより積極的には神の呼びかけを聞いたということなのかもしれない。

行ってみるとそこはカトリックの障害者団体・子羊会の本部だった。この日会長の伊達よしえさんと出会ったのである。柏木さんや子羊の苑のことも知っておられた。その後伊達さんを自宅に訪ねるようになってから、子羊の苑は自分たちが「親亡き後のホームを」と運動して作ったこと、それを自分たちで運営するのではなく、京都教区の手にゆだねたこと、柏木さんが施設を出て行くきっかけとなった事件の真相もお聞きした。障害者解放運動についても、その激しさにはついて行けないという点で、意見を同じくしていた。本当に強く、優しくて霊的な方だったと思う。後に伊達さんは名古屋の山田昭義さん、東京の金沢恂さんとともにカトリック障害者連絡協議会（カ障連）の結成に当たられ、副会長を勤めてこられた。伊達さん、柏木さんともに今や帰天されたが、私にとっては伊達さんは障害者としての信仰を考えさせてくれた導き手であり、柏木さんは障害者解放運動の師であった。

そして一九八一年二月、教皇が来日。武道館で開催されたヤング・アンド・ポープの対話集会に先立ち、文章の募集があったので応募したところ、稚拙で単純な文章だったにもかかわらず、入選してしまった。このことを伊達さんはとても喜んでくださった。

あの瞬間を忘れない。教皇が入場してこられ、私の前に来られた瞬間を。澄んだまなざし、全身から放たれている光。手を差し出してくださったので握手させていただいたが、小さく柔らかい手であった。そしてそっと私の頭に手をのせてくださった。

今までの苦しみが報いられ、癒された！　そう言ってよい瞬間であった。「神はわたしたちの目から涙をことごとくぬぐい去ってくださる」（黙示録21・4参照）という言葉がそのまま私に実現したことを悟った。

解放と癒し

その日から二四年後の一昨年、教皇が帰天されたが、私個人としては教皇の深い霊性に触れ、神の姿を示してくださったことに感謝している一方で、教皇の二六年もの治世の中の事績に批判がないわけではない。特にご自身が東西の壁を破るきっかけとなった歴史的な存在ではあったが、その反面で中南米の「解放の神学」を事実上否定してしまったことは残念である。これにも理由があると理解している。「解放の神学」はややもするとマルクス主義的な色彩を帯び、神学を離れて政治・革命理論になってしまうとして、神学が政治的イデオロギーとなることをバチカンは警戒したのであろう（少なくとも表向きは）。しかしながら、そういった言葉の上だけの議論ではなく、中南米の抑圧された現場を見るとき、神学上の議論よりもまず、変えられなければならない現実があることに気づくはずである。解放の神学を否定することは、この現実を黙認することであり、その現場にいる人々に死刑宣告を下すことに等しい――そうカール・ラーナーは言った。

この神学上の議論の根底には、神と歴史の問題、歴史上のナザレのイエスと信仰の神の子キリストという問題もある。歴史上のイエスの問題に私が初めてふれたのは遠藤周作の『死海のほとり』を読んだときであった。その後、『イエスの生涯』を読み、さらにはプロテスタントの聖書学にも触れることになったのだが、このような聖書解釈があり得ることを知ったことは私にとって一つの道標となった。歴史上のイエスがいかなる意味で信仰のキリストであるのか。

私は京都正義と平和協議会との関わりの中で「解放の神学」を知ることになるのだが、もっとも正当な神学だと思っている。カトリック教会は霊的なものを求める場であると同時に、世俗の社会に神の愛を及ばせるべきであろう。もっとも単純な言い方で「私だけでなくみんなで助け合って幸せになる」ことを考えるとき、キリスト者として、その価値観をもって社会に対して発言していくことは避けられなくなるはずである。「解放の神学」の父グスタボ・グティエレス師が来日したときにシンポジウムに参加して講演を聞いたが、poverty という言葉を何度も繰り返していたのが印象に残っている。「続『障害の神学』から『癒しの神学』へ」と題して「福音宣教」一九九五年一月号に掲載していただいた拙文（本書23頁以下）は、解放の神学に触発されて、障害者解放運動の立場をふまえて書いたものである。

「身代わり」を生きる

リトアニア出身のユダヤ人でフランス実存哲学の泰斗であったエマニュエル・レヴィナス（一九〇六―一九九五）は、自分の身内も含めたホロコーストの犠牲者たちを自分たちの「身代わり」として受け止め、「身代わり」ということを他者との関係性の中に位置づけ、人間存在の本質の一つとしてとらえている。それは存在論以前の根源的な倫理的要請でもある。

障害者としての観点から考えると、障害を負って生きるということは、すでに他者の重荷を背負っていくことであり、いわば「身代わり」を生きるということかもしれない。私でなければ、他の誰かが障害を担っていたかもしれないのである。なぜほかならぬ「私」が障害を負わなければならなかったのか。

今日もなお、障害を持った子どもは何%かの確率で生まれてくる。そしてかなり多くが羊水チェックや出生前診断により——幼子殉教者のごとくに（マタイ2・16—18）——中絶されてしまう。この子たちも障害を背負ってでも、「身代わり」として、祝福を受けて生きる権利があるはずである。いのちの選別はあってはならない。しかし、こうして死んでいった子どもたちも「身代わり」であろう。

この「身代わり」ということはヘブライズムの中核をなす思想の一つかもしれない。アブラハムはイサクを捧げようとし、私たちの主も多くの人々の身代わりとしてご自分のいのちを捧げられ、コルベ師もその後に従われた。そして「……わたしが飢えていたときに食べさせ、のどが渇いていたときに飲ませ、旅をしていたときに宿を貸し、裸のときに着せ、病気のときに見舞い、牢にいたときに訪ねてくれた……」（マタイ25・31—46）という最後の審判の箇所こそ、まさにこの「身代わり」ということの本質を語っていないだろうか。

障害を負って生きているということは苦しみではあるが、障害というのは誰かが負わねばならないものであり、それがこの「私」だったということである。障害を負っているということは誰かの代わりに障害を負っているということである。「身代わり」とは「選び」でもある。多くの人はこのことを深く考えず、ただ社会的・経済的効率性の観点からのみ障害者を排除してしまう。そして自分が事故や病気で障害者になったときに初めて気づかされるのである。

教皇はこの「身代わり」としての障害者の立場をよく理解しておられたと思う。文献は逸したが、教皇が障害者との謁見の際、あなたたちは私たちの代わりに苦しみを担ってくれていると言われたことが書かれていた。教皇は解放の神学に対しては否定的であったにもかかわらず、私が敬愛してやまなかったゆえんである。聞けば教皇もまた、レヴィナスの愛読者だったそうである。

障害という事態は人間にとって負の存在条件として位置づけるべきであろう。それを身代わりという視点から考えてみるとき、障害を背負って生きていくこと自体がすでに主の十字架を背負って歩み続けることにほかならない。さればこそ、主が癒しのみ業とご自分の十字架を通して私たちを励ましてくださっていることを常に思い起こしつつ、歩み続けたい。

（「福音宣教」二〇〇七年六月号　特集「祝福・障がい者」より）

アウシュヴィッツをめぐって（前編）

巡礼として訪れたアウシュヴィッツ

昨年（二〇一〇年）八月の終わりに、機会を得てポーランドを巡礼した。その途上で私にとっては最大の目的地アウシュヴィッツ（オシフィエンチム）の絶滅収容所を訪れることができた。

中学生の時に『アンネの日記』について学び、長年記憶にとどめていたが、高校の時にV・E・フランクルの『夜と霧』と出会い、それ以来、本格的にアウシュヴィッツやホロコースト、そしてユダヤ人差別とその源となったキリスト教の罪に目を向けるようになった。また、大学に進んでから障害者解放運動に関わる中で、ナチスによって障害者の安楽死が強行されたことも知った。これが、私がアウシュヴィッツに関心を持ち続けてきた理由である。

今までに本などで知識としては知っていたことが、現場に来て体験的に実感され、重みをもって伝わってくる。アウシュヴィッツ収容所は基幹収容所、第二収容所ビルケナウ、第三収容所モノビッツからなる。基幹収容所の入場門の「ARBAET MACHT FREI（労働は自由をもたらす）」の文字。Bの字が逆さになり、ふくらみの部分が上になっているのは、これを作らされた囚人たちのささやかな抵抗と言われる。二重に張り巡らされ、かつては高圧電流が流されていた鉄条網。十号棟と十一号棟の間の「死の壁（銃殺による処刑場）」。焼却炉。ガス室及びクレマトリウムと呼ばれるガス室と焼却炉が一体となった施設は、終戦直前に証拠隠滅のため爆破された。

展示されているツィクロンB（毒ガス）の錠剤（模型）とそれが入れられていた無数の空き缶、犠牲者たちの眼鏡、革かばん、歯ブラシ、靴、義足等の無数の遺物が示す虐殺のすさまじさには、怒りを通り越して、人間の原罪に対する悲しみとそれに対する祈りが交錯する。特にいたいけな女児の服を見た時には、一瞬目が潤んだ。

女性の金髪の山。これが編まれて布となる。さらに記録によれば、人体の油脂が石鹸になり、歯からは金が採取された。恐るべき人体の「モノ」視である。ダッハウ収容所では人体実験が繰り返され、その時のデータは後のドイツ医学に多大な貢献をしたという。

聖マキシミリアノ・マリア・コルベが囚人の身代わりとなって閉じ込められ、最終的に毒殺された独房の前に来た時、感極まり、一瞬立ち止まって祈りをささげた。また、ここで殉教した一人にエディット・シュタイン（十字架のテレサ・ベネディクタ）がいる。ユダヤ人として生まれ、現象学の始祖フッサールのもとで学び、カトリックに改宗し、カルメル会の修道女となり、オランダでナチスに捕らえられ、アウシュヴィッツに送られたのである。

第二アウシュヴィッツ・ビルケナウ収容所は広大である。映画「シンドラーのリスト」でも撮影されたレールが当時のまま残されている。このレールを通って、ヨーロッパ各地から無数のユダヤ人たちが列車で輸送されてきた。オシフィエンチムが南ポーランドの鉄道網の拠点であり、交通の便がよく、霧が発生しやすく奥深い場所であるがゆえに、極秘に計画を進めやすかったのである。ホロコースト全体で六百万人ものユダヤ人が殺害されたとされ、ポーランド系ユダヤ人が最も多いのであるが、アウシュヴィッツだけに限ると百十万人であり、犠牲者の比率としては最も高く、絶滅収容所として機能していたことを如実に物語っている。ここでの一番の犠牲者はハンガリーのユダヤ人であった。当時のハンガリー政府がナチスにくみし、反ユダヤ的であったため、ユダヤ人を収容所に送ったからである。このハンガリー出身のユダヤ人の生存者の中に、後の作家エリ・ヴィーゼルがいた。

この「夜と霧」計画は、主としてユダヤ人たちをただやみくもに殺せ、というものではなく、労働力として酷使した上で、労働に適さない、あるいは適さなくなった人びとをガス室で抹殺していくことにより、民族の殲滅を図るというものであった。すなわち、当初には民族差別に根差しつつも、ユダヤ人の労働力としての利用価値に基づいた計画であった。それがドイツの戦況悪化につれて、やみくもな殲滅へと暴走していったのである（栗原優『ナチズムとユダヤ人絶滅政策』ミネルヴァ書房）。

教会とユダヤ人差別

しかしなぜユダヤ人なのか。その根底にはヨーロッパにおける「旧約の民」ユダヤ人差別の歴史がある。その原点とされるマタイ27・25、すなわち、イエス処刑の際の民衆の「その血の責任は、我々と子孫にある」という言葉は、初期キリスト教とユダヤ教のサンヘドリン（最高法院）との闘争・軋轢の産物としての教義神学にほかならない。すなわち、マタイは当時のユダヤ教改革運動としてのイエス運動に対するイスラエルの人びとの拒否をイエス自身の処刑の場面に遡って持ち込み、そのことがイスラエルの民にとって何を意味するかを象徴的に語ったのである。マタイ福音記者自身、この言葉によって後世に自らの民族が大量虐殺されるなどとは思いもしなかったであろう。ヒトラーは「福音書の中でユダヤ人たちはピラトに向かって叫んでいる。『その血の責任は我々と我々の子孫にある』と。余は、おそらく、この呪いを執行しなければならないだろう」と語ったと言われる（宮田光雄『ホロコースト〈以後〉を生きる』岩波書店）。

教会は自らがユダヤ人差別の源泉であったこともあって、あまり積極的にナチスを止めようとはしなかった。教皇ピオ十二世は「無神論国家」ソ連を打倒するためとして、ナチスの暴走を黙認し、ユダヤ人虐殺に対しても目をつぶっていたと言われる（大澤武男『ローマ教皇とナチス』文春新書）。

教皇ヨハネ・パウロ二世の生誕地ヴァドヴィッツェはアウシュヴィッツからバスで三十分程度しか離れていない。教皇がこのポーランドでの悲劇をいかに身近に感じておられたかよくわかる。ポーランドの教会が長らくユダヤ人差別に加担していたことは察しがつく。ゲットーはワルシャワにはヨーロッパ最大のものが存在しただけでなく、ポーランド最大の聖地チェンストホーヴァにもあった。前述のとおり、ホロコースト犠牲者全体の中ではポーランドのユダヤ人が最も多かったのである。教皇は教会の頭としてのみならず、同時にポーランドの教会を束ねる立場にあった者として、ユダヤ人に対して率直に謝罪を重ねたのだ。

障害者を安楽死

アウシュヴィッツに象徴されるショアー（災厄、いわゆるホロコースト）が民族優生思想とレイシズム（人種差別）の最悪の結末であることは言をまたないであろう。ここで注意するべきは、ナチズムの初期に、障害者が強制的に安楽死させられていたという事実である。このいわゆるT４計画は、戦時体制下では障害者は役に立たない存在であるから殺害するということであり、ひいてはドイツ民族の民族的・人種的優等性を維持するというナチスの最終目標に沿ったものであった。ドイツ人で、知的障害を持った子の父親が、その子の安楽死をヒトラーに嘆願したことに始まるとされ、精神障害者をはじめとして四五万人が殺害されたとされる。

この計画はドイツ国内の、特に教会の抵抗で中止されたと言われているが、その後、ナチスはその攻撃の矛先をユダヤ人やシンティ・ロマ族、特にユダヤ人に向けていくことになった。ガス室における大量虐殺という殺害方法はT4計画の中で始められ、ユダヤ人虐殺に引き継がれたものなのである。ここにホロコースト・「夜と霧」作戦と障害者の安楽死・T4計画の重要な接点があるのである。

この二つの作戦は同一の根を持っている。すなわち社会ダーウィニズムとそれがよって立つところの優生思想である。人種差別（レイシズム）と障害者差別（ディスエイブリズム）は、ともに社会ダーウィニズムの哲学の上で成立した。社会ダーウィニズムはダーウィンが『種の起源』（一八五九年）で述べた自然淘汰、適者生存という生物学的原理を肯定し、優等な人種・人間だけが生存することをゆるされると考える。人間社会においても強者だけが生きることができ、その権利があり、社会的弱者は淘汰されなければならない。障害者や貧者はその存在を抹消されなければならない。優秀なもの同士の結婚が奨励されなければならない。国家社会主義はこの原理の政治過程への適用、つまり政治的生物学であるというのが、その信奉者たちの理解であった（ビュー・グレゴリー・ギャラファー『ナチスドイツと障害者「安楽死」計画』現代書館）。

この社会ダーウィニズムは、資本主義の最高段階としての帝国主義という背景を持っている。すなわち欧米列強による植民地支配に根拠づけられた白人優位と、国内の企業間の過度な競争による貧富の拡大、階級闘争の激化、能力主義の先鋭化である。

フリードリヒ・ニーチェも著書の至る所で言及した障害者の抹殺という優生思想の一端は、近代合理主義の究極の産物であり、極端な能力主義の行き着く果てである。しかし、その根は古典古代にまで遡り、プラトンやアリストテレスの思想の中にもすでに見られる。「万学の祖」アリストテレスはその「政治学《タ・ポリティカ》」において、早すぎる結婚、遅すぎる結婚のいずれも、子どもは「身体においても精神においても不具なものとして生れる」として、結婚適齢期を主張する。そして、「不具者は育ててはならないという法律が定められなければならない」(アリストテレス『政治学』岩波文庫)。

そのギリシャ時代において、アテネは民主主義の発祥地とされるが、奴隷制に支えられた社会であり、参政権は一部の男性のみに与えられ、奴隷や女性には与えられなかった。また、オリンピア競技こそ肉体的に優良な国民を競走させる場として、まさに優生思想具現の場であった。

この古典古代の優生思想に対して、アンチテーゼをつきつけたのは初期キリスト教ではなかったか。私たちの主は障害者の存在をありのままに肯定し、障害者の生存権を保障したのではなかったか。にもかかわらず、ユダヤ人に対しては差別の源となったのは、キリスト教がユダヤ教を母胎としつつも、それに対抗する形で生まれてきたがゆえの、キリスト教の原罪としか言いようがない。

（「福音宣教」二〇一一年五月号）

アウシュヴィッツをめぐって（後編）

「神はどこにおられるのだ」

アウシュヴィッツでは神はどこにいたのかという問いが残されている。前編で言及したエリ・ヴィーゼルはその小説『夜』で描いた一場面は有名である。

それは子どもの処刑場面であり、幼い天使のような男の子が一人の大人とともに絞首刑に処される。千人もの収容者たちの前で、親衛隊員もいつもより気がかりで不安を覚えていた。カポ（囚人の中から選ばれた囚人を監督する立場にある者。しばしば犯罪歴を持つ者や粗暴な者から選ばれた）も死刑執行人の役割を拒否する。親衛隊員がこれに代わる。

「神さまはどこだ、どこにおられるのだ」。この物語の主人公エリエゼルのうしろでだれかがそう尋ねた。

収容所長の合図で三つの椅子が倒され、一人の大人は即死した。しかし、その子は体重が軽かったため、まだ生きていて、三十分もの間、臨終の苦しみを続け、もだえていた。

エリエゼルのうしろで、さっきと同じ男が尋ねるのが聞こえた。

「いったい、神はどこにおられるのだ」。

そしてエリエゼルは、自分の心のなかで、ある声がその男にこう答えているのを感じる。

「どこだって。ここにおられる――ここに、この絞首台に吊るされておられる……」。

(エリ・ヴィーゼル著、村上仁彦訳『夜』みすず書房)


ヴィーゼルはアウシュヴィッツのヨブと呼ばれている。なぜ神はこのような苦難をユダヤ人に下されたのだろうか。なぜ神は救いに来てくださらなかったのだろうか。

この箇所は苦しむ人びとの傍らにいる苦しむ神を強調している。しかし、この箇所を十字架の神学と結びつける向きがあり、それに対しては批判がある。ユダヤ人に対し、ホロコーストに至る結果をもたらしたキリスト教の側から、この箇所をキリスト教のシンボルである十字架を読み取ることは避けなければならない。

苦難のうちに働く神

以前、私は「神の弱さ」（本書32頁以下）と題して、ユダヤ教のラビ、ハロルド・S・クシュナーを取り上げた。クシュナーは人間に降りかかってくるさまざまな艱難について思索する中で、ヨブ記について解釈して、以下のように言っている（H・S・クシュナー著、斎藤武訳『なぜ私だけが苦しむのか――現代のヨブ記』岩波書店）。

ヨブ記のすべての登場人物と読者のほとんどが信じたいと思っている命題は次の三つである。すなわち、

A　神は全能であり、世界で生じるすべての出来事は神の意志による。神の意志に反しては何事も起こりえない。

B　神は正義であり公平であって、人間それぞれにふさわしいものを与える。したがって、善き人は栄え、悪しき者は処罰される。

C　ヨブは正しい人である。

ヨブの友人たちはCを信じまいとしており、ヨブが受けた苦しみはヨブが罪を犯したことに対する罰だと言う。

これに対してヨブはそれを否定して、自分にはそのような罪を犯した覚えはないと言う。そして神が最高善であるというBの命題を拒絶し、神は公平だとか正義だとかいう思考の枠の中に収まらないほど絶大な力を持っていると結論づけている。

しかしヨブ記の作者は以上の二点とも異なる立場に立つ。すなわち、神が最高善であることを信じ、ヨブが善人であることをも信じつつ、命題A、つまり神が全知全能であることを否定する立場に立っている。その上で、クシュナーは、神が苦難の原因ではなく、苦難のうちにおいて働くのであり、私たちは力と慰めを求めて神に向かうのだと結論づけている。「私たちが泣き叫ぶ時にも、私たちは依然として神の側にいるし、神もまた私たちの側にいることを知るのです」。

神の自己矛盾

ユダヤ系の哲学者ハンス・ヨーナスは、神の全能性という前提について否定的である（ハンス・ヨーナス著、品川哲彦訳『アウシュヴィッツ以後の神』法政大学出版局）。

神についてはプラトン、アリストテレスから伝わった哲学的神学の伝承がユダヤ教とキリスト教の伝統に組み入れられ、神の必然的な属性として超時間性、非受動性、普遍性が説かれてきた。これに対してヨーナスは「生成する神」を主張する。すなわち神は世界の中に生起したことによって触発され、変化し、その状態を変える。神の創造の働きによって神のみが存在しているのではもはやなくなり、被造物が生成の流れの中を進むようになるや、神は被造物である世界とともに何かしらを経験し、したがって世界の中で進捗することによって神自身の存在が影響を受ける。神も世界との関わりにおいて変化するのである。

さらに、神はともに苦しみ、気づかうと主張する。神は遠くに身を置き、自らのうちに完結しているのではなく、自分が気づかうことに巻き込まれてしまう。神が世界を創造し、あるいは世界が成立するのをゆるしたことで、神は世界が現存するのに関わったのであり、その瞬間に、自らのうちに完結するのをやめ、被造物のことを被造物のために気づかうのである。

しかし、この神の気づかいが働くためには、神は他のものが何かをするようにしなくてはならず、神の気づかいはこの行為者たちに委ねられている（キリスト教神学でいうところの人間の自由意志の問題であろう)。それゆえ、この神は危機にさらされている神、その身にリスクを抱えた神である(私見では被造物のもつリスクを引き受け、ともに抱え込む神である)。

したがって、神の全知・全能という概念は自己矛盾を孕んでいると主張する。なぜなら、力というものはそれが向けられる対象がなければならず、その向けられる対象というものが必然的に存在する以上、神もそれとの関わりの中で変化せざるを得ないからである。関わりの中で変化する神は全能の神ではない。

力という概念からしても、全能の力とは自己矛盾、自己否定、無意味な概念であるとヨーナスは言う。なぜなら、絶対的で完全な力とは、白分の外部にあって自分とは異なっているような、およそいかなる他の存在にも制約されない力を意味するが、他のものが存在するというそれだけでもう制約が生じ、それゆえ、ある力がその絶対性を保持するには他方の力を無化しなくてはならないからである。力はそれが働く対象を必要とするのであり、他のものが存在するとすれば、そのとたんに、力は全能ではなくなる。

要約すれば、神は創造の瞬間から、被造物との関わりを持つようになり、それを気づかうようになり、唯一絶対であることをやめたということである。

さらに、神の全能と神の善とを両立させ、キリスト教徒が考える苦難や災禍、悪のうちにも神の摂理、意志、神からの深い呼びかけを読み取ろうとする、神秘主義的な神解釈に対しては、ヨーナスはこれをあり得ないと批判する。神の全能と神の善とを両立させるとすれば、それと引き替えに神をまったき測りがたいものに、つまりは謎にせざるを得ない。世界に邪悪が存在するということ、あるいはたんなる災禍が存在するということでさえも、それを思えば、全能かつ善なる神が理解可能であると考えるのをやめなければならない。このような不合理な神とは言わないまでも、いわゆる「隠れた神（Deus absconditus）」はきわめて非ユダヤ教的なイメージである。ユダヤ教の教えであるトーラーは、私たちが神を理解可能であるというところに成り立ち、それを本質としているという。

そして苦しむ神というイメージを取り上げ、キリスト教では神がただ一度きり、神的なるものが特定の時に、人間を救うという特定の目的のために、自分自身の一部を特定の苦しみの状況へと遣わしたと語るが、ユダヤ教においては、神と人間との関係は、創造の瞬間から、そして人間が創造された時からは確実に、神の側における苦しみを孕んだものだったという。神はその世界創造のはじめから被造物と苦しみをともにしてきた――まさしく至言と言わざるを得ない。

アウシュヴィッツの地獄において、神は決してその姿を消したのではなく、ひとりひとりの苦悩のうちにあって、ともに歩んでおられたのではなかったか。さればこそ、多くのユダヤ人たちがシェマー（「聞け、イスラエルよ」申命記6・4以下）を唱えながらガス室の中に入っていったのであろう。

現代のパレスチナ問題

終わりに、パレスチナ問題に言及しておきたい。

第二次世界大戦の終結からイスラエル建国、何回かの中東戦争、そしてその間に行われたパレスチナ人の虐殺については言及するまでもないであろう。最近の出来事として、二〇〇八年から二〇〇九年にかけて、イスラエルがイスラム原理主義組織ハマスを征討するべくパレスチナのガザを攻撃した。このイスラエル建国の歴史を見る時、ヨーロッパのユダヤ人差別の歴史とその帰結であるホロコーストが影を落としている。

ある写真家がイスラエルで写真展を開いた。「安全」と題し、ユダヤ人の安全のためなら何でも正当化される国への批判をこめた。感想ノートは反発であふれた。その中の一人が「私たちが安全を考えなかったとき、誰かが私たちの体から石鹸を作ったのだ」と書いていたという。これは先述のとおり、ナチスが強制収容所で、ユダヤ人の脂肪から石鹸を作ったと言われた話をさす。この言葉に象徴されるアウシュヴィッツ・コンプレックスと言うべき事態は痛ましい。

事実、イスラエル国家の国是は「安全」にある。私も三年前に聖地イスラエルを旅したが、警戒は厳重そのもので、香港からテルアビブ行きのエルアル・イスラエル航空に乗り換える際、再度トランクを含めた荷物の中身をチェックされ、帰りのテルアビブ空港も同様で、通常、他の空港では聞かれないようなことを聞かれた（それゆえにエルアル航空は世界で一番安全な旅客機だという）。また、街の中には女性兵士も銃を構えて警戒しており、ホテルにはシェルターがあり、いつでも敵からの攻撃に備えているというわけである。

もっとも、イスラエル建国思想であるシオニズムの信奉者（シオニスト）たちにとっては、ショアーはイスラエル建国の理由づけの一つにすぎない。むしろショアーの経験者たちに対して、自ら安全を求めなかったからそうなったのだという冷笑すらあるという。

しかし、そのシオニストに対して、ユダヤ教正統派のラビたちの中には、「人を殺すな」という律法の基本をはじめ、さまざまな点で律法に背いていると批判し、シオニズムの原点はユダヤ教ではないと主張する人びとがいる（ヤコヴ・M・ラブキン著、菅野賢二訳『トーラーの名において――シオニズムに対するユダヤ教の抵抗の歴史』平凡社）。また、ユダヤ人という概念の発生源をたどり、ユダヤ人とは民族的・人種的概念ではあり得ず、ユダヤ教を信仰する人びとのことだとして、ユダヤ人が一つの民族であるというシオニズムの大前提に異を唱えている人びともいる（シュロモー・サンド著、高橋武智監訳『ユダヤ人の起源――歴史はどのように創作されたのか』武田ランダムハウスジャパン）。イスラエルにもこういう立場に立つ人びとがいることを聞き、救われる思いがする。イスラエルとパレスチナの平和的共存の日が来ることを祈ってやまない。

アウシュヴィッツを訪ねて半年。あらためて私たちカトリックを含めたキリスト教の原罪を振り返りつつ、旧約の民、ユダヤ人のために、またパレスチナの民のために祈りたい。

（「福音宣教」二〇一一年六月号）

マラナ・タ、主よ、来たりませ

神の愛の現れ

主の祈りは私たちの主の教えの集約である。したがって、この祈りの中に主の教えの核心が含まれていることは言うまでもない。

私が主の祈りを唱えるとき、強いインスピレーションを受けるのは、「天の父よ」という神への呼びかけと「み国が来ますように」という二番目の祈願である。主の祈りはこの二つだけで足りるような気がする。「天の父よ」は「み名が聖とされますように」によって補完され、天におられる、すなわちこの世界から隔絶した神が、お父さま（アッバ）として私たちに近しい存在であることを言い表している。また「みこころが天に行われるとおり地にも行われますように」は「み国が来ますように」と同義・その反復であり、それ以下の「わたしたちの日ごとの糧を今日もお与えください」「わたしたちの負い目をお赦しください、わたしたちも自分に負い目のある人を赦しますから」「わたしたちを試みに引き合わせないでください」「わたしたちを悪い者からお救いください」は「み国」の具体的な内容を言い表していると思われるからである。

主が神に「アッバ、父よ」と呼びかけたことが、当時どれほど革新的なことだったかは多くの聖書学者たちが述べている（例えばJ・エレミアス『新約聖書の中心的使信』新教出版社）。神は怒りと裁きの神エル・シャッダイではなく、慈しみに満ちた父である。神の愛――それこそが主の福音の中心理念であることは言うまでもあるまい。

聖地に想う

三年前に聖地を旅し、ガリラヤの地に足を踏み入れたとき、そこは南のエルサレムや死海の砂漠とは対照的な、緑あふれる土地であった。このような地で生まれ育った主は、自然の中に働く神を感じ取られたのではなかろうか。「空の鳥、野の白百合」によって印象づけられる箇所（マタイ6・25―34参照）は、この父としての神の姿を十分に表すとともに、この箇所にこそ、主の福音の真髄が込められているようにさえ感じられる。すなわち、神への深い信頼である。「み名が聖とされますように」とは、このことにほかならない。

最後の二つの祈願「わたしたちを試みに引き合わせないでください」「わたしたちを悪い者からお救いください」には、のちの時代のエルサレム壊滅（マタイ23・37－39参照）と、初期教会が受けた迫害、およびそれに伴う殉教という苦しみが感じられ、痛々しい。同時にそれを主が教えられた言葉として位置づけるとき、当時のローマ帝国の圧政とユダヤ教の形式化に対する危機意識が感じられ、この状況のもとで苦しんだのは民衆であり、その中でも差別された人びとがもっとも苦しんだことは想像に難くないであろう。このような困難な状況を打破するメシアへの期待、すなわちメシアニズムの高揚という終末論的意識をも読み取ることができる。この当時のメシアニズムの高揚とともに、ユダヤ教の形式化に抗してさまざまな革新運動が出てきたのであるが、この中の一つガリラヤ派あるいはナザレ派のイエス運動こそ、最初期の教会の形態であった（ゲルト・タイセン『イエス運動』新教出版社）。

神の国

主が徹底して追求されたもの、それは「神の国」であったが、神の国とは何だったのだろう。神の国とは神の支配があまねく世界に及ぶことであり、「み名が聖とされる」ことである。私も含めた聴覚障害者たちが手話で主の祈りを唱えるとき、「み国」は「世界」と表現し、それは「地球」と同じ表現である。直訳すれば、「神の世界が訪れますように」と唱えているのである。「み国が来ますように」という祈りの本質を的確に表現していると思う。ではその世界は、具体的にどのような世界なのだろうか。

主は自身、ローマ帝国の支配から逃れるための、いわば王的メシアとして祭り上げられることを嫌った。暴力による反乱と革命による解放は、主の思いとはまったく反対であった（マタイ26・52）。むしろ主が目指したのは、当時、社会の最底辺におかれて差別され、呻吟して生きていた障害者の人びと、重い皮膚病を患っていた人びとが癒され、貧しい人びとに福音が告げ知らされ、差別された人びとの人権が回復されることであった（ルカ4・16―21、7・22―23、1・47―55）。主の心底にあったのは、神がこれらの人びとに対してこそ、愛に満ちたまなざしを向けられ、彼らをこそ救われるという使信である。この使信の行き着くところは、神の愛のもとでの平和にほかならない。こうして貧しい人びと、飢えている人びと、泣いている人びとに「幸い」が告げられる（同6・20―23、マタイ5・3―12）。イエス運動とは、まさに価値転換の革命であった。

奇跡の意味

障害を持つ私にとって「神の国」がもっとも意味深く感じられるのは、その反差別の視点である。私は障害を持って生まれ、それゆえにさまざまな形で差別を受けてきた。中学二年のときに、信仰に救いを求めて教会にかけこみ、ヨハネ福音書の盲人の癒しの物語（9・1―41）に出会い、それ以来、この箇所を心の糧にしてきた。

ある人は癒しの奇跡を「手当て」と解釈して、奇跡のようなものはなかったと言い切ってしまう。しかし、問題は主の奇跡が何を意味するかであろう。

先述のとおり、当時、障害者や病者たちはその非生産性のゆえに、社会の最底辺で呻吟して生きていたのであり、彼らの願いは癒されて社会に復帰することであった。薬もたいへん高額であり、その願望を満たすためには魔術や呪術にすがるしかなかった。伝承史的には、奇跡物語はそのような人びとを含めた社会層を基盤として成立したのである。そのことは初期教会が、この社会層に属する人びとにまなざしを向け、受容し、かかわっていたことを意味する。このような初期教会の姿勢は、古典古代の思潮、プラトンやアリストテレスでさえ主張した優生思想に対してアンチテーゼを突きつけるものでもあった。障害や病を持つ者は幸いである。彼らは癒されるであろうから！　神と出会い、そして遊女や徴税人とともに真っ先に神の国に入るであろうから！　主の奇跡は神の国の予兆であり、メシア到来の徴《しるし》なのである。

主の奇跡はいわば神話である。神話は人びとの心に強く訴えるものを持っている。この神話を今日の科学の見方で分析し、「奇跡などというものはなかった」と言い切ってしまうことは、信じるということを無視して、信仰を一つのイデオロギーにしてしまうことではなかろうか。

メシアニズム

私たちの信仰の本質の一つは、イエス運動をめぐって人びとの間に起こったメシアニズムである。すなわち今日の私たちは主の再臨を待ち望んでいるのだから。

しかし、このことは信仰宣言でいつも唱えていながら忘却されてしまう。メシアニズムの前提となるのは社会の危機意識であり、それが教団内で共有されていることである。しかし、今日の教会はこの社会の危機意識から自らを遠ざけ、教会の内部と家庭だけで信仰を完結させてしまっているのではなかろうか。あらためて社会の危機意識にもっと耳を傾けるべきではないか。かつての日本の殉教者たちもこの危機意識を社会と共有していたからこそ、殉教への道をたどらなければならなかったし、またたどることができたのではなかろうか。

私は主の祈りは個人的な道徳レベルでのみ読み込み切れるものだとは思っていない。また、み国・神の国とは教会のことであるという解釈にはなおさら反対である。主の祈りはレオナルド・ボフも言うように、人間性のあらゆる次元――精神的・文化的・宗教的次元のみならず、社会的・経済的、さらには政治的次元をも含む――における解放の祈りとして捉えるべきである（レオナルド・ボフ『主の祈り』教文館）。主の後続者であるキリスト者として私たちは、この時代にあって、置かれた状況の中で「マラナ・タ、主よ、来たりませ」というメシアニズムを込めて、差別のない世界、戦争のない平和な世界の実現を目指して、「み国が来ますように」と祈るのである。

（「福音宣教」二〇一〇年一月号　年間リレー連載テーマ「主の祈り」に寄せて）

コヘレト——その先へ

一歳年下の弟が亡くなり、遺骨を持ち帰った。自分が死んだかのように悲しかった。すべては塵から出て、塵に還る（3・20）。空の空、一切は空（コヘレト1・1）——そうコヘレトは問題を提起している。人間も死を免れない。あたかもすべては無に向けて、一切が決定されているかのようだ。生まれるのに時があり、死ぬのに時がある（3・2）。それなら人間が生きる意味、根拠はどこにあるのか。

コヘレトは知恵や快楽、富のむなしさについて語るが、人生において喜びを味わうことを否定しているわけではない。「光は心地よい。太陽を仰ぎ見るのは目に楽しい。人は、長生きして、そのすべての日々を楽しむがよい」（11・7—8）。そして最終的には青春の日々に造り主（神）を心に刻み（12・1）、神を畏れ、その掟を守ることに人生の意味があるという（12・13）。「神を畏れる者は幸せである」（8・12）。そのためには知恵（ホクマー）が必要であるという。

コヘレトはいろいろなことを語っている。コヘレト自身、迷いつつこの書を著しているのを感じるが、私は「二人は一人に勝る」以下（8・9―11）に希望を見いだす。すなわち、人間が共同存在 Mitsein（ハイデッガー、レーヴィット）であるということである。

もともと、人間は弱い立場にある者を助けるようにプログラムされている。それは女性において特にそうである。人間という種の進化について描かれたあるNHKの番組によると、人間の知性の発達にともなう脳の肥大化は、出産時の困難をもたらし、他者、特に同性の助けを必要とするようになった。それは次第に人間の遺伝子に組み込まれていく。それは知性を最大の武器とする人間という種が、生存し続けるために不可欠なプログラムであったのである。女性というもの、さらには母というものの偉大さを思う。

共同存在、ともにあること――それが人間の根源的な存在理由である。それは裏を返せば人間は一人では生きていけない（創世記2・18参照）という弱さであり、根源的な存在条件であろう。そして互いに愛し合うこと（ヨハネ13・34）はキリスト教のみならず、人間の生存にとっても最も不可欠のことなのではなかろうか。

しかし、人間の現実はこの理想からはほど遠い。戦争、人間は集団となって身を守り、そこに戦争が起こる。核の恐怖。持てる者と持たざる者。差別。競争。特に異なる文明圏の争いの根源には言語の違いが潜んでいる。聖書はそのことにも言及している（創世記11・1—9。これと反対のテーマは使徒言行録2・1—13に相当するであろう）。そして信仰も争いの源となったことは歴史が教えるとおりである。

人間も他の動物と同様、死を免れない。高齢者がエイジング（高齢化）、すなわち自分の老化にともなう弱化を受容するのはたやすくない。特に精神的に強い人ほど困難であり、アンチ・エイジングに乗りたがる。しかし、「年をとると、両手を伸ばして、他の人に帯を締められ、行きたくないところに連れて行かれる」（ヨハネ21・18）というのはペトロの殉教に限った話ではない。人はみな、いずれは自分の弱化を受容しなければならない日がくる。そして、死ぬということはいのちをつなぐということである。「一粒の麦が地に落ちて死ねば豊かな実を結ぶ」（ヨハネ12・24参照）。いのちも分かち合うものなのであろう。

ラルシュ共同体は知的障害者との関わりの中で、彼らは障害という弱さを通して、人間の弱さを教え、あらゆる世俗的な価値から解放してくれるがゆえに貴重な存在なのだと伝えている。「自分の貧しさを知る者は幸いである。天の国はその人たちのものである」（マタイ５・３）以下の真福八端は一切の価値の転倒であろう。そして金持ちとラザロの物語（ルカ16・19―31）及び最後の審判（マタイ25・31―46）は、弱さの受容ということについて、大切なことを物語っている。人間の根源的な弱さと、内なるプログラムに目を向けたい。そして個々の人生の終わりにアレルヤを歌おう。

（「福音宣教」二〇一六年八・九月号）

相模原事件によせて――倫理の超越性

昨年（二〇一六年）の夏、七月二六日未明に相模原市で起きた障害者施設の襲撃事件は、私たち障害者にとってこの上ない衝撃であった。事件発生後、多くの障害者たちが街の中を歩くのが怖くなったと言っている。かつてヒトラーは障害者を社会的に無価値な存在として排除しようとする思想――優生思想を具体的に、Ｔ４計画という形で実行したが、今回、この事件の容疑者がこのヒトラーの思想を信奉し、それを言葉どおりに実行してしまったこと、そしてネット上で彼の行為を賞賛する声が上がったことは、今なお社会にこの優生思想が潜在していることを示している。

私は今回の事件が起きるきっかけとして、政権が進める新自由主義的な経済政策とその結果としての格差拡大があったと考える。新自由主義は能力主義と過剰な競争をもたらし、能力に基づく格差を積極的に肯定する。弱肉強食の社会を是認するのである。この時点で障害者はすでに敗者となる。

その競争社会は、敗者に過大なフラストレーションをもたらし、それがときに犯罪として顕在化する。この敗者は自分よりも弱い者を攻撃することで、このフラストレーションを解消しようとする。このとき、障害者はその最たる弱さのゆえに標的にされやすいのだ。度重なる児童虐待も根は同じであろう。

障害者運動は絶対的な弱者としての自らを守るべく、優生思想にきびしく対峙してきた。しかし今回の事態に際して、どう対峙すればよいのか、思いあぐねている。

厚生労働省は今回の事件を、容疑者に対する保護観察の不十分さが原因だとして、精神障害者の保護観察制度の強化へと乗り出している。しかし、これは問題のすり替えである。もともと旧厚生省は、国民優生を目指して、優生政策を推進してきた歴史があるからである。

今回の事態はまさしく障害者に対する倫理の崩壊である。それ以上にそのような倫理が社会の中で十分に共有されてきているとはいえない。

私は今まで、障害ということをどう意味づけ、価値づけたらよいかという観点から思考してきた。しかし今日では人類学的な観点をも踏まえて、人間が生きる根拠・目的は共同存在 Mitsein（ハイデッガー、レーヴィット）にあり、そのなかで弱い者を助けながら存続してきたという視点から考えている。この共同存在は人間の基本的な存在様式であり、また存在理由でもある。

人間は他の動物に比べて一年ばかり早く生まれてくる。それは進化の過程で知性の発達につれて、脳が肥大化したことによるものであり、それは出産の困難と、妊娠期間の短縮をもたらす。出産の困難は女性たちの出産時の助け合いをもたらし、それは女性たちの遺伝子にプログラムとして組み込まれていく。また、人間は他の動物よりも長く子ども時代を過ごすため、この成長までの期間は絶対的に保護されなければならないのだ。弱い者を助けるという人間の行動・存在様式は、ここにこそ原点がある。そして、障害者はその絶対的な弱さゆえにこそ、その生存権、人権は無条件に守られ、尊重されなければならないのではなかろうか。

この倫理の無条件性、超越性こそ、哲学者エマニュエル・レヴィナスが「顔」「他者性」という概念で強く主張したものであった。そのレヴィナスはナチスによるショアー（ヘブライ語で「災厄」、すなわちホロコースト）で、ほとんどの家族を虐殺されている。私たちの主が語られた最後の審判の予告（マタイ25・31―40）や、金持ちとラザロの物語（ルカ16・19―31）の核心はこの倫理の無条件性・超越性ということにこそあると思う。「何事につけ、人にしてもらいたいと思うことを、人にもしてあげなさい」（マタイ7・12）という倫理の相互性、いわばgive and takeの倫理だけでは十分でない。

今回の相模原事件を契機として、信仰の観点からなすべきことは、競争原理と新自由主義を問い、倫理の復権と障害者の人権擁護、さらにはすべての人間が依って立つところの共存できる社会の共同体性の再構築を呼びかけ、富を分かち合う社会を提唱し、そのための経済モデルを構築・提唱することではなかろうか。

あらゆる差別や貧困の問題は構造的につながっている。このことを踏まえて、みんなが連帯していくことが今求められている。さらにいうなら、私たちは七万年ほど前にアフリカを出て地球上に広まったホモ・サピエンスという同一の種であるという自覚に立つことが、あらゆる差別や、宗教の区別を超えて、連帯する契機となるのではなかろうか。そしてそこにこそ「殺してはならない」（出エジプト記20・13）という究極の倫理の根拠があると信じる。

終わりにひとつ私から聞きたい。優生思想の考え方は古代ギリシャからあった。アリストテレスはその「政治学」で、優生思想を肯定している。周知のとおりトマス・アクィナスを頂点とする中世哲学はアリストテレスの存在論を取り入れて構築されているが、この中世哲学はこのアリストテレスの優生思想にどう対応したのだろうか。故・岩田靖夫氏の文献を中心にあさったが、答えがない。中世の哲学者、そして現代の中世哲学研究者はこの問題に気づきながら、触れることを避けてきたようにさえ感じるのだ。このことはカトリック中世哲学界の責任であるとさえ思う。

（部落差別人権委員会会報に投稿・「カトリック新聞」二〇一六年一〇月三〇日付を改題・加筆）

万物生光輝、そして祝祭——相模原事件に寄せて。ある結婚式から

この六月のはじめに東京で、静岡の知的障害者施設にして共同体であるラルシュ・かなの家でアシスタント（職員）として出会った二人の結婚式があった。その場にはかなの家や「信仰と光」の仲間（障害者）たちもつめかけた。そして難聴の私のために、手話通訳を用意してくれた。「宴会を催すときには、むしろ、貧しい人、体の不自由な人、足の不自由な人、目の見えない人を招きなさい」（ルカ14・13）ということばがそのまま実現したのである。夫妻には心から感謝している。

仲間たちのあふれんばかりの祝福。主が最初の奇跡をおこなわれたガリラヤのカナの婚宴とイメージが重なる。この日、その場にいる仲間たちやアシスタントたちひとりひとりとの交わりの中で、主がかなの家に「しるし」を顕しておられることを確信した。

昨年七月二六日未明に相模原市で起きた障害者施設襲撃事件から一年が過ぎたが、ちょうど半年後の今年の一月二六日に、ＮＨＫは殺害された人たちについて取材し、彼らの歩みを生きた証しとして報道した。それを見ると、障害者たちひとりひとりのささやかな行為、感情の表出が周囲の人々に感化を与えていたことが感じられる。施設の問題はさておき、生産性を重視するものの見方からは能力的にどんなに小さな存在であったとしても、彼らは家族や職員たちとの、そして地域との交流の場で彼らなりに喜びを感じつつ、周囲を感化させていたのだろう。

私もかなの家に行くたびに同じことを感じる。知的障害を持つ仲間たちとの交わり、祝祭の中で喜びを分かち合い、癒される。

相模原事件の被告は、入所者たちと分かち合うということができなかったのだろう。事件を振り返り、殺害された障害者たちのことはもとより、このことも悲しい。

どんなにささやかなことであっても、喜びにこそ人生の根源的な価値があるのではないか。喜びの感情こそ愛の根拠であり、さらに倫理の超越的な根拠なのではないか。喜びにはそれを表す相手がいるのだから、人間の共同存在ということを前提とする。喜びは分かち合うものである。喜びは人生の目的であると同時に、それ自体が人生を根源的に支える

「日ごとの糧」（主の祈り）となる。喜びこそが福音（喜びの便り、よきおとずれ）の本質である。そして生きる喜びをもたらし、告げ知らせることこそあらゆる宗教の本質的な役割だろう。

そもそも神が最初に造られたものは光（創世記1・3）であり、これは喜びと希望のことだと言っては言い過ぎだろうか。

ラルシュ共同体では、喜びを分かち合う場として「祝祭」ということを大切にしている。ひとりひとりの誕生日に「おめでとう」、クリスマスや復活祭に「おめでとう」。もちろん、日々のミサ、すなわち聖体祭儀もキリストの祝祭である。祝祭とは喜びを分かち合うことによって愛し合い、共同体のアイデンティティを確認しつつ、個々の帰属感を強める場である。

「万物生光輝（万物生きて光り輝く）」――この元女流プロ棋士で書家の石橋幸緒さんの座右の銘は、「いのちあるすべてのものに、主は食物を恵まれる」（典礼聖歌17、18番）につながるだろう。生きとし生けるものはすべて神に祝福され、光り輝いている。祝祭のうちに、神への感謝と賛美をささげつつ、障害の有無その他の存在条件にかかわらず、すべての人間が神に生かされているがゆえの尊厳を与えられ、人類という一つの共同体として生きていることを喜び謳いつつ、祈りたい。

（「カトリック新聞」二〇一七年八月一三日）

闇に光を（聖フランシスコ「平和への祈り」）

――短編映画「十九の折り鶴」によせて

相模原事件からちょうど一年がたった七月二六日、静岡のかなの家を舞台として国際ラルシュ連盟が制作した短編映画「十九の折り鶴」がネット上で公開された。知的障害者である幸子さんを主役に、その日常を描いて知的障害者の霊性を語ったのち、相模原事件の植松聖被告が衆議院議長宛に出した「障害者は不幸を作ることしかできません」等の犯行予告文を部分的に読み上げて、それに「あなたのなかのはっきりしない思い込みとは何ですか」「私たちは劣っている存在ですか」「幸せになりにくい存在ですか」と反問したうえで、この予告文を書いた紙を切り刻んで和紙に変え、それで殺害された十九名の障害者を象徴する折り鶴を作るというストーリーである。植松被告の犯行声明文がその犯罪性もろとも、殺された障害者の追悼と鎮魂の折り鶴に変容するのがポイントであり、そこには植松被告に対する将来的な赦しへの希望が込められている。

カトリック部落差別人権委員会の一六九号ではこの相模原事件について三名がそれぞれの立場から執筆しているが、その中でEさんの記述は、障害者運動サイドのものとなっており、「絶対に許されるものではなく、神の御心に背く行為でもあります」と断罪している。視覚障害者のHさんやかなの家の創立者であるSさんは、だれもが植松被告のような内なる闇をもち、だれもがあのような凶行に走る可能性を指摘している。Hさんは「原罪」ということばでそのことを表現している。

私も後者の立場である。植松被告の心の闇に迫ることなく、神の名において断罪してよいのか。人間のおぞましさに目を向けることなく。

かつてNHKで、ゴリラが子どものゴリラを殺害し、それを食してしまうというおぞましい映像を部分的に見たことがある。私たちも生物学的にその霊長類と同類である。そしてアウシュヴィッツや南京での虐殺、広島・長崎の原爆、そして近年繰り返されるイスラム原理主義のテロ等々、人間の手による悲惨は限りがない。そして、個人によって起こされた数々の殺人事件。それらの背景には人間の心の闇が必ず潜んでいる。だれが自分は決してこうはならないと断言できるのだろう。それが人間の原罪ということであろう。

植松被告は今なお自分の起こした犯罪を、優生思想のもとに肯定しているという。そしてその犯罪をネット上で賛美している多くの人々がいる。ナチスによる計画的な国家的犯罪として行われた障害者安楽死以降、この種の犯罪はタブー視されてきた。しかし、植松被告が計画的に実行してしまったことによって、パンドラの箱が開いてしまったのだ。ここにこの事件のヘイトクライムとしての本当の怖さがある。

これらの心の闇に神は「光あれ」と言われて喜びと希望で照らす。今、植松被告に必要なのは断罪ではなく、彼の闇に光をもたらす人の存在だろう。

パンドラの箱には最後に希望が残されている。「十九の折り鶴」の制作者マイケル・マクドナルドさんのメッセージとしては、植松被告の手紙が折り鶴という美しいものに変換されたように、「私たち」のそういった弱い暗やみの部分も「何か美しいもの」に変換できるのではないか、このフィルムを通じても、あるいは日常においても、とのことである。その変換がなされるように祈りたい。


（「カトリック新聞」二〇一七年一〇月八日）

「障害」及び「障害者」の表記をめぐって

近年、「障害」を「障がい」と表記することが地方公共団体を中心に行われている。《障害》の《害》の字が、「周囲に害を与える」という意味合いにとられがちであり、差別的だという解釈からであろう。

しかし、それでは《障》の字はどうなるのか。この字は「差し障り」「目障《めざわ》り」の「さわり」、すなわち妨げの意味がある。したがって、《障がい》という表記は差別表現を避ける手段としては中途半端である。そう言ってすべてひらがな表記で《しょうがい》としてしまったのでは、同音異義語が多数あり、何のことかさっぱりわからない。

《障害》は英語では disability であるが、したいと思っていることができないという訳にとれば、《機能不全》とでも訳すべきであろうか。《肢体不自由》ということばの《不自由》が最も近い訳語になるだろうか。これもまた憐憫を請うような意味合いがあり、障害者の持つ主体性を軽視してしまう。

このように、障害を表す価値中立的なことばが見つからない。障害の神学にも関わることであるが、障害そのものにマイナスイメージがつきまとうことは避けられない。障害は基本的に決してよいものではなく本人にとっても苦しみであり、決して神の恵みではありえない。それならば、《障害》の表記のままでもよくはないだろうか。それにしても「障り」と「害」の組み合わせという差別性の強いことばではなく、もっと「機能不全」というような科学的・価値中立的なことばがあればよいとは思う。

障害者解放運動の上からは、《障害》の表記をそのまま、障害者としての差別を受け、自らも障害そのものに苦しんできた証しとして受け止めるという立場がある。

さらに障害者を《「障害者」》あるいは《「障害」者》と括弧付けで表記する立場もある。前者は《障害者》とは誰のことかと問いかけ、障害者でも人間であることを強調することによって、後者は《障害》という概念のあやふやさを指摘することによって、障害者差別を告発する立場である。

ここから問題の所在が明らかになる。《障害者》は《障害を持つ人》であり、《障害》という属性がその人に加わっているという意味であるにもかかわらず、《障害者》というとき、《障害となる人》、すなわち、その人自身が障害、邪魔者であるかのようにもとらえられてしまうのである。障害はその人自身の属性にすぎず、障害を持っているだけなのに、その人自身が社会にとって障害物であるかのように扱われてしまうのだ。障害という事態をそのままに、その人の属性として客観的に表しうる、《障害を持つ人》に当てはまる表現はないのだろうか。

（大阪教区「シナピス」二〇一九年三月号に加筆）

障害者――メタファー（隠喩）なのか

過日（二〇二三年）三月一九日の四旬節第四主日の福音はヨハネ福音書9章の盲人の癒しの箇所であった。この箇所を司祭方は、盲人の目が開かれることを信仰の目が開かれることの譬えとして抽象的に解釈してしまう。

同日付のカトリック新聞のN神父の解説もその線上にある。このなかでN師は、見えない状態（闇＝不信仰）から見える状態（光＝信仰）への移行を語り、目が見えるようになることを回心して神が見えるようになることだと解釈し、目が見えないことを霊的盲目＝不信仰の譬えとして捉えている。この解釈は障害者のメタファー（隠喩）化の最たるものであると言える。

これは単にN師のみの解釈ではなく、教会が四旬節の回心の時期にこの箇所を読むように指定しているからこのようになるのであろう。

また、二〇二一年九月五日の主日の福音はマルコ福音書の「エッファタ！」の箇所（マルコ7・31―37）だったが、この箇所についても同日付のカトリック新聞でN師は、ここの「ろう者」とは不信仰から信仰へと導かれた者たちのことだと比喩的に解釈している。このなかでN師は、「『耳が聞こえず、口が回らない』とは、もちろん抽象的な意味」であり、これは「心の耳でキリストのことをしっかりと聞き取り、その愛を受け止め、心の口で真摯な信仰告白をすること」であると言われている。聴覚障害者を、その現実の苦悩を無視して、不信仰のメタファーとして抽象化しているように私には読める。聴覚障害がどうして不信仰の抽象的な表現になるのだろうか。

N師の解釈は教会霊性論に基づく観念的な神学であり、聖書学にもとづく歴史的知見が見落とされている。さらに、私には師が現実の障害者のことをふまえて言われているようには思えない。ヨハネ福音書9章については、いくら四旬節の回心の時期といえども、障害者の実態を知らず、関わりを抜きに、譬えとして使われてはたまったものではない。

聖書の箇所を抽象的に解釈することは、聖アウグスティヌスの比喩的解釈に起源があるという。しかし、このようなメタファー化は眼前にいる障害者・病者の実存を見落とす結果となる。障害者が現実に抱えている苦悩や希求が見えなくなり、その主体性が見落とされてしまうのだ。さらに、これらの記述に主の愛を感じ、希望を寄せて生きている障害者・病者の思いを打ち砕いてしまう。

福音書の癒しの箇所には、今日の医学や人権の視点からすると障害者・病者や女性に対する偏見に満ちたレビ記の汚穢・清浄規定により、それらの人々への社会的差別が猖獗を極めていたこと、そして主がこれらの人々とじかに向き合われ、その律法を遵守することに固執するファリサイ派を厳しく批判されたことこそが読み込まれるべきだろう。さらに言えば、主の時代には障害者への教育がなされていなかったし、その発想自体もなかった。聖書を解釈するに際しては今日的な視点から、これらの時代背景を踏まえる必要がある。

癒しの箇所でなくとも、障害者を比喩的に用いている箇所は散見される。一例として、主の口に帰せられている「彼ら（ファリサイ派）は盲人を導く盲人である。盲人が盲人を導けば、二人とも穴に落ちてしまう」（マタイ15・14）は、まさしく盲目ということを、神を知らないことの譬えとして用いている。

この時代背景とともに、聖書のもうひとつの制約は、それが健常者男性によって書かれたものだということである。聖書には障害者のみならず、女性を卑下する記述も見いだされる。このことはフェミニスト神学が指摘するとおりである。

そうした制約にもかかわらず、私たちは特に新約のなかに、神の愛という普遍的な価値を見いだす。キリスト教の歩みはこの神の愛を求めての歩みであり、地上での、過ちをおかしつつもそれを是正していく、弁証法的な旅である。

聖書はこの神の愛に即して、一貫して神の創造と救いの歴史を説いている。聖書解釈も教会の霊性を中心としたパラダイムから、貧しき者の優先 option for the poor に即した救済史観的パラダイムへ転換することが必要である。「解放の神学」もこの救済史観に根差していると思う。

このキリスト教の救済史観こそ、あらゆる人権思想の源であることを私たちは知っている。障害者の癒しの箇所についてもこの救済史観に即して、障害者の主体性に重点をおいた歴史的・現代的な聖書解釈がなされるべきである。聖書の観念的・抽象的な解釈に、私は現実から遊離した自己満足を疑う。聖書の解釈も時代に即して変わりうるし、誤りは改められねばならないのだ。

先述のとおり、障害者をメタファー視するのはN師だけの解釈ではなく、教会の伝統的なものである。しかし、現実には視覚障害者が求めるのは点字や手引きであり、それこそが神の光である。ろう者は手話で語りかけられることによって心を開かれる(「エッファタ!」)。障害者との関わりこそが愛の奇跡であり、救いの業である。神学校では主と障害者との関わりについて何を教え、学んでいるのだろうか。いちばんの問題はほとんどの教会に障害者を受け入れる体制がないことなのである。

私はあらためて司祭方ひとりひとりに、教会から外に出て、病気の人を見舞い、障害者をはじめとする弱い人々に寄り添うという主のなさったことを、絶え間なく実践していただき、世俗との関わりによる現実的な経験にもとづく感性を育んでいただくようお願いする。私たちは多くの修道会がその伝統のもとに、社会事業のなかでそれらの人びとに関わってきたことを知っている。その上で、障害者・病者の実存を踏まえた聖書解釈をしていただきたい。

参考文献
キャシー・ブラック『癒しの説教学──障害者と相互依存の神学』新教出版社、二〇〇八年

(JP通信二〇二三年六月号)

医学モデルから社会モデルへ

ヨハネ福音書9章の目の見えない人の癒しの物語は、その冒頭で、弟子たちが「ラビ、この人が生まれつき目が見えないのは、誰が罪を犯したからですか。この人ですか。それともこの人の両親ですか」と尋ね、これに対して主が「この人が罪を犯したのでもなく、この人の両親が罪を犯したのでもない。むしろ、神の業がこの人のうちに現れるためである」と答えられています。

この「神の業」とは何でしょうか。さらに読み進むと、この物語は単に癒しの物語で終わっているのではないことに気づきます。このあとこの目が見えない人は、主がメシアであると公言したために、外に追い出されてしまいます。そして、再度主と出会ったときに、「主よ、信じます」（9・38）とイエスに信仰を告白します。この信仰告白こそ、この物語の核心であり、「神の業」ではないでしょうか。それは主がこの目の見えない人に対して、とことんまで彼と同じ目線に立とうとしたからこそ、目の見えない人の口から出てきたことばではなかったでしょうか。

私たちは信仰の歩みの中で、社会から受ける差別に屈して、自分の障害を憎み、癒しの奇跡を求めてしまいます。私たちの思考が一般的に、障害はないほうがいい、なくなってしまうほうがいいと思い込んでいるからです。この思考に従えば、障害は医学の力でなくすべきものであり、障害者個人の自己責任であって、障害者には健常者に近づくこと、障害に対してリハビリを行うことが求められます。このような考え方は障害学の視点からは「医学モデル」と呼ばれます。今日のように社会で競争が激化し、社会的弱者を生み出している時代には、この医学モデルの思考は優勢になります。この障害を受容しない思考は、「非生産的で役に立たない」障害者の存在を許さないとする優生思想に容易につながってしまいます。その最終的な結末は第二次世界大戦中にナチスによって強行された障害者の安楽死であり、それをまねて昨年七月二六日未明に相模原市で起きた障害者の虐殺事件であり、障害をもつ胎児の中絶なのです。

これに対して、社会全体が障害者を受容するように変わるべきだ、とする考え方があります。障害学では社会モデルと呼ばれます。これは障害者の「障害」は社会の障壁によって作り出される、だから障害者の目線で考えよう、ということです。日本で一昨年障害者権利条約が発効し、昨年四月から障害者差別解消法が施行されましたが、その根底に共通するのはこの障害の社会モデルという考え方です。

教会では車椅子のための段差解消・スロープ設置は「合理的配慮」として当然のことになりましたが、手話通訳、点訳者、障害者の教会への送り迎えといった人的保障や心のバリアということになるとどうでしょう。

さらにこのことは障害者のことのみならず、教会の中でも進む高齢化にもあてはまります。

冒頭の福音の箇所を読むとき、私の脳裏にはいつも次の問いが浮かびます。福音宣教という教会本来の目的に照らし合わせて、今日の日本の教会は障害者とともに歩んできたでしょうか。主がされたように、とことんまで障害者と同じ目線で考えてきたでしょうか。これらの人々とともに歩んでいくならば、日本の社会は根底から福音化されるのではないでしょうか。

（大阪教区「シナピス」二〇一七年二月号）

癒しのメシアニズム

昨年（二〇二〇年）二月のある日、慢性的な病で倒れ、救急搬送されて半年あまり入院していた。無理な手術を回避し、車椅子に乗れるようになること、iPadをタッチペンで入力できるようになることを作業療法の目標にしたリハビリを受けて退院し、今はヘルパーたちの手を借りて在宅生活を送っている。

入院中に外でコロナ禍が広がり、どこの病院・施設でも面会が制限された。さらに私の場合、手が動かなくなり、iPadの入力もままならなくなった。またマスクの装着が常識となり、聴覚障害がある私には読唇が難しくなったため、外部とのコミュニケーションが途絶してしまった。これらのことが精神的にもっとも辛いことだった。コロナ禍はいのちのみならず、人間の絆をも断ち切ってしまうことを実感している。

この間救われたことを神に感謝し、回復を祈りつつ、コロナ禍の感染拡大を見つめながら思い至ったことは、人間も生物であり、病から癒されたいという希求を持っているということである。現今のコロナ禍のもとで、キリスト教世界ではメシアニズム（救世主待望）の祈りが鳴り響いているように感じていた。「主よ、癒しに来てください」――それは私自身の祈りでもあった。

今の典礼暦B年に読まれているマルコ福音書は、主が病を癒す力を持ったメシア・神の子であることを強調している。このことは当時、旧約のもとで、病そして障害のゆえに差別され、社会の最底辺に置かれていた人々の、病を癒されて社会へ復帰したいという希求の象徴的な表現でもある。

この癒しへの希求の結果として、医学の進歩により、一方でかつて治療できなかった病気が治るようになっている。他方で病の結果としての障害の治療への希求となり、極端に走れば障害者を排除するべきものだとする障害の医学モデル、ひいては優生思想につながってしまう。着床前・出生前診断により、障害があるとわかった胎児は、ほとんどが中絶されてしまう。また、人工内耳の強制的な装着はろう文化（手話言語を核にしたろう者の行動様式）に対する聴者の拒絶に根ざしている。

今、障害の福音モデルの提唱が目指されているが、これを構築するに際しては、主の癒しの奇跡への信仰に立脚しつつ、治療の可能性を否定することなく、医学を一つの手段として生命倫理をふまえて使いながら、社会の共同体性を強調し、障害者が生きやすい社会の構築を目指す社会モデルの思想の普及と、それに基づく施策の充実が必要になることを記すべきである。

人間の生物としての寿命は最長一二五年であるという。おそらく医学がどれほど進歩しても、死という限界を乗り越えることは不可能であろう。人間もあらゆる生物と同様に、死を前提として、いのちをつなぐために生きている。その中で共同存在として関わり合い、愛し合い、助け合っている。フランシスコ教皇が先進国と発展途上国、あるいは各国の国民間の格差により、コロナ禍への対応に差が出ていることを踏まえつつ、この人類共通のパンデミックの受苦を通して、人類が一つに結ばれますように、と祈られたことを忘れない。

（大阪教区「シナピス」二〇二一年四月号）

新しい時代に

二〇一九年の秋から世界にCOVID19が拡がり、コロナ禍の時代に突入した。このような時に私は頸髄損傷に倒れ、首から下が不随になってしまった。半年間にわたる入院生活の後、ヘルパーたちの支援を得て在宅生活を始めて、現在に至っている。

コロナ禍と自分の病の最中にあって、私は人々が連帯し、助け合う姿を見つめていた。そのために必要なのはコミュニケーションとその手段である。

退院して二週間ほどの土曜日の夕方のこと、私のiPadが突然鳴った。大阪教区の手話グループからのオンラインによる手話ミサの誘いだった。苦しみのなかでの救いであり、闇のなかの光だった。涙して感謝した。その後、信者だと紹介されたヘルパーのKさんとの出会いもあり、それ以来一緒にこのオンラインミサに与るのは、私の救いと至福のひとときとなっている。

大阪教区で行われている障害者・病者とともにささげるミサは、今年もオンラインである。それならば、と気づいたのだが、各小教区で日常的に行われているミサが、ネット上の会議システムで配信されるようになってもいいのではないか。

もちろん、キリストの食卓に与り、秘蹟を受けるには、教会に足を運ぶことが基本である。しかし、私のように頻繁にはミサに与ることができない者にとっては、オンラインミサは信仰生活を送っていくうえで、格好の手段である。私たち障害者のみならず、高齢者にとっても。そのうえで、後日、地区連絡員等が聖体を持参するようになればよいと思う（ちなみに私の母は、高齢者施設から外出できない）。

人間は神から与えられた英知により、コロナ禍を乗り切る手段として、ネットの活用を進めた。福音宣教や信仰生活も新しい時代に即していっていい。

（大阪教区「シナピス」二〇二一年六月号）

人生のままならなさ

二年前（二〇二〇年）の二月一五日、朝起きたら身体がこの上なくだるい。頚椎が激しく痛む。トイレへ行こうとベッドから出て立ち上がって五、六歩歩いたところで身体が足から崩れ、うつ伏せに倒れてしまった。二〇年前から患っていた頚椎がついに損壊したのである。このままでは呼吸が苦しくなると思い、腕で身体を転がし、仰向けに。たまたまヘルパーが来る予定だったが、声を上げて叫んだところで、私の危機的状況を察知して部屋に入って来てくれるだろうか……。

しかし、ヘルパーのI君は入ってきてくれた。その頃、彼が来る時間に、あらかじめ鍵を開けて、すぐに入ってもらえるようにしていたのだが、その癖かどうか、たまたま前夜に鍵を掛け忘れていたのだ。

救急搬送され、半年にわたる入院を経て、こうしてここに生きている。電動車椅子の身となり、両手足の痺れがきつい。訪問看護による浣腸・摘便と通院による導尿カテーテル交換、デイサービスによる入浴の日々である。

けれども特に倒れた日のことは、ヘルパーを利用していた自分も準備がよかったとは言え、よりによってこの日になぜ？と考えてしまう。ユング心理学で言うところの「共時性」と言ってしまえばそれまでだが、何かしら人智を超えたものを感じる。やはり神が私に、まだ生きるように、多くのCP者たちが歩んだ道を歩むように望まれて、生かしてくださったのだと思わざるをえない。

その日々のなかにあって、大阪教区の手話通訳・要約筆記グループによるオンライン手話ミサに与ることや、友人たちの来訪にはいつも励まされ、喜びを感じる。

私たちの人生には往々にしてままならないことが起こり、思いがけない出来事に巻きこまれ、ことばを失ってしまう。大阪の精神科クリニック放火事件、京アニ、相模原……東日本大震災をはじめとする数多くの自然災害、そして古くはアウシュヴィッツや広島・長崎、そして今日のロシアによるウクライナ侵攻など、人類の苦しみの歴史には枚挙にいとまがない。

「主がおっしゃったことは必ず実現すると信じた方は、なんと幸いでしょう」（ルカ1・44）――マリアのエリザベト訪問の結びであるが、のちにエリザベトの子洗礼者ヨハネは獄中で首をはねられ、マリアの子イエスは十字架刑に処される。「主がおっしゃったこと」＝みことば、すなわち「御心」の結末がこのようなものであったとは、エリザベトもマリアも想像だにしなかったであろう。「なんと幸いでしょう」ということばと、その後の結末とのコントラスト。いったい御心とはどのような御心なのか。

それでもルカは、マリアがガブリエルからの受胎告知を受けて、「お言葉どおり、この身になりますように」（ルカ1・38）ということばで、自分の身に起こることを受諾したことを記し、イエスの生涯の終わりを、「父よ、わたしの霊を御手に委ねます」（ルカ23・46）ということばで結んでいる。

人生のままならなさ。そのなかにも救いがある。

（日本カトリック障害者連絡協議会「わ」96号）

あとがき

本書は私が障害をもつキリスト者としての観点から書き連ねてきた文章を、病床に臥し、常時介護を受ける身になったのを機に、一区切りつけて整理し、出版することにしたものです。

本書のライトモチーフは福音書に散りばめられた主の癒しの物語です。これらの物語のうち、エリコの盲人の癒しの物語（マルコ10・46―52）の使信をもって本書のタイトルとしました。

私はこれらの癒しの物語が、旧約聖書の汚穢・清浄規定や、古代の優生思想に対するアンチテーゼとして、健常者の目線からであっても、障害者の生存権を保証する契機になったと考えています。実際、主のみことばに従って、多くの修道会が福祉に携わり、障害者を含む社会的弱者の生存に寄与してきました。

また、主の足跡をたどるべくイスラエルへ、優生思想への問題意識からアウシュヴィッツへ巡礼したことは、私たちの信仰そのものをも根源的に問うことになりました。

今日の時代は能力主義が強まり、生産性や効率が優先され、高い能力を持つ者が支配する社会になりつつあります。優勝劣敗・敵者生存の原理がはびこる今日の競争社会において、キリスト教は存在意義を問われていると思います。共同体としての分かち合いの原理・共同存在こそがキリスト教の核心だからです。

このような競争社会にあって、当初からふるい落とされ、疎外されている障害者たちが、主の癒しの物語に触れ、癒しと救いを求めて、小教区の教会の扉をたたくことがあります。しかし、故・薄田昇師が語ったように（本書24頁）、小教区の教会は障害者たちの希望になかなか応えられていません。多くの教会で受け入れ体制が皆無なのを悲しく思います。本書を読まれた方々が少しでも障害者に関わり、ともに生きてくださるよう願っています。

また、司祭方の聖書解釈には障害者のメタファー（隠喩）化が著しいと感じます。

障害者との日常的な関わりを抜きにして、光と闇、罪の赦しのメタファーとして語り、その実存を見落としてしまうのです。神学校での司祭養成課程に手話・点字や、障害者との交流といったプログラムを組み込むなど、主に倣って障害者とともに歩むよう、努力していただきたいと思います。

私は教会が社会的弱者の側に立つことこそが、主のみことばを伝え、神の国を実現し、社会を福音化していくことになると信じています。この確信は解放の神学との出会いによってますます強められました。

なお、私は脳性麻痺とともに聴覚障害を重複する者として、『エッファタ！——教会共同体のろう者』（日本カトリック聴覚障害者の会編訳　日本カトリック中央協議会出版部）の翻訳に携わりました。あらためて紹介させていただきます。

今日ここに本を完成させることができたのは、私を生かし、支えてくれている病院、介護事業所、デイサービスセンター、訪問看護事業所等のスタッフや、大阪教区の石井望師をはじめとする日常的にろう者と関わっているグループのおかげです。

本書にまえがきを書いてくださった畏友・英 隆一朗師、出版を引き受けてくださった教友社の阿部川直樹氏に心から感謝いたします。

本書を、私を産み育て、洗礼を授けさせてくれた母・孝子に捧げます。

二〇二三年五月二八日　聖霊降臨の祝日に

イグナチオ・ロヨラ　宮永久人

宮永 久人（みやなが・ひさと）

1960 年　大阪市で出生
同年、仁川教会で受洗。洗礼名イグナチオ・ロヨラ
1978 年　旧・啓光学園高校卒業
1983 年　同志社大学文学部文化学科心理学専攻卒業
カトリック枚方教会所属

癒しと救い　「障害の神学」から「癒しの神学」へ

発行日………2023 年 7 月 14 日　初版

著　者………宮永 久人
発行者………阿部川直樹
発行所………有限会社 教友社
275-0017 千葉県習志野市藤崎 6−15−14
TEL047 (403) 4818　FAX047 (403) 4819
URL http://www.kyoyusha.com
印刷所………モリモト印刷株式会社

ISBN978-4-907991-96-8 C3016

本書では主に、『新共同訳聖書』（日本聖書協会）と『フランシスコ会訳聖書』（サンパウロ）を使わせていただきました。